Sören Kierkegaard
Die Krankheit zum Tode

Übersetzt und mit Glossar,
Bibliographie sowie einem Essay
«Zum Verständnis des Werkes»
herausgegeben von Liselotte Richter

Taschenbücher
Syndikat/EVA

CIP-Kurztitelaufnahme der Deutschen Bibliothek

Kierkegaard, Sören:
Die Krankheit zum Tode/Sören Kierkegaard.
Übers. u. mit Glossar, Bibliogr. sowie e. Essay
»Zum Verständnis des Werkes« hrsg. von Liselotte
Richter. - 2. Aufl. - Frankfurt am Main:
Europäische Verlagsanstalt, 1986.
(Taschenbücher Syndikat, EVA bei Athenäum;
Bd. 24)
Einheitssacht.: Sygdommen til döden «dt.»
1. Aufl. im Syndikat-Verl., Frankfurt am Main
ISBN 3-434-46124-8

NE: Richter, Liselotte [Übers.]; GT

Taschenbücher
Syndikat / EVA bei Athenäum
Band 24

Athenäum Verlag GmbH, Frankfurt am Main
Alle Rechte vorbehalten
Erste Auflage 1984
Zweite Auflage 1986
© dieser Ausgabe bei Syndikat Autoren- und Verlagsgesellschaft,
Frankfurt am Main 1984
Alle Rechte an der Übertragung ins Deutsche sowie der Kommentar
bei der Rowohlt Taschenbuch Verlag GmbH, Reinbek bei Hamburg
Motiv: Zeichnung von Chr. Kierkegaard
Gesamtherstellung: Bärenreiter Druck, Kassel
Printed in Germany
ISBN 3-434-46124-8

Die Krankheit zum Tode

Eine christliche psychologische Entwicklung
zur Erbauung und Erweckung von

Anti-Climacus

Herausgegeben von S. Kierkegaard

Kopenhagen 1849

HERR! GIB UNS BLÖDE AUGEN
FÜR DINGE, DIE NICHTS TAUGEN,
UND AUGEN VOLLER KLARHEIT
IN ALLE DEINE WAHRHEIT.

INHALT

Vielleicht wird vielen diese ‹Entwicklungs›form sonderbar vorkommen; sie wird ihnen zu streng erscheinen, um erbaulich zu sein, und zu erbaulich, um streng wissenschaftlich zu sein. Was dieses letztere betrifft, so habe ich darüber keine Meinung. Was dagegen das erste betrifft, ist meine Meinung nicht so; und wäre es der Fall, daß sie zu streng wäre, um erbaulich zu sein, so wäre es meines Erachtens ein Fehler. Eines ist es ja, daß sie nicht erbaulich für jeden sein kann, weil nicht jeder die Voraussetzung hat, ihr zu folgen; ein anderes, daß sie den Charakter des Erbaulichen hat. Christlich muß nämlich alles, alles zur Erbauung dienen. Die Art von Wissenschaftlichkeit, die nicht letzten Endes erbaulich ist, ist eben dadurch unchristlich. Alles Christliche muß in der Darstellung dem Vortrag eines Arztes am Krankenbett ähnlich sein; wenn auch nur der Mediziner ihn versteht, darf doch niemals vergessen werden, daß er am Krankenbett gehalten wird. Dieses Verhältnis des Christlichen zum Leben (im Gegensatz zu einer wissenschaftlichen Lebensfremdheit) oder diese ethische Seite des Christlichen ist gerade das Erbauliche, und die Art der Darstellung, wie streng sie im übrigen auch sein mag, ist ganz und gar verschieden, qualitativ verschieden von der Art Wissenschaftlichkeit, die ‹gleichgültig› ist, deren erhabener Heroismus, christlich gesehen, so weit entfernt davon ist, Heroismus zu sein, daß er, christlich gesprochen, eine Art unmenschlicher Neugier ist. Es ist ein christlicher Heroismus, und wahrlich ist dieser selten genug anzutreffen, es zu wagen, ganz man selbst zu sein, ein einzelner Mensch, dieser bestimmte einzelne Mensch, alleine direkt Gott gegenüber, alleine in dieser ungeheuren Anstrengung und dieser ungeheuren Verantwortung; aber es ist kein christlicher Heroismus, sich mit dem reinen Menschen zum Narren halten zu lassen oder das Verwunderungsspiel mit der Weltgeschichte zu treiben. Alles christliche Erkennen, wie streng seine Form im übrigen auch ist, muß voller Sorge sein, und diese Besorgtheit ist gerade das Erbauliche. Die Besorgtheit ist das Verhältnis zum Leben, zur Wirklichkeit der Persönlichkeit und so, christlich, der Ernst; die kühle Erhabenheit des gleichgültigen Wissens ist in keiner Weise, christlich, höherer Ernst, sie ist, christlich, Scherz und Eitelkeit. Aber der Ernst ist wiederum das Erbauliche.

Im einen Sinne ist diese kleine Schrift deshalb so beschaffen, daß ein Seminarist sie schreiben könnte; in einem anderen Sinne doch vielleicht so, daß nicht jeder Professor sie schreiben könnte.

Aber daß die Einkleidung der Abhandlung die ist, die sie ist, ist zumindest wohlbedacht und doch gewißlich auch psychologisch richtig. Es gibt einen feierlicheren Stil, der so feierlich ist, daß er nicht viel ausdrückt, und der, da man nur allzu gewöhnt an ihn ist, leicht nichtssagend wird.

Im übrigen nur eine Bemerkung, freilich eine Überflüssigkeit, die ich mir aber doch leisten will: Ich will ein für allemal darauf aufmerksam machen, daß in dieser ganzen Schrift die Verzweiflung, was der Titel ja auch sagt, als Krankheit aufgefaßt wird, nicht als Heilmittel. So dialektisch ist nämlich Verzweiflung. So ist ja auch in christlicher Terminologie der Tod Ausdruck für das größte geistige Elend, und doch besteht die Heilung gerade darin, zu sterben, abzusterben.

Im Jahre 1848

«Diese Krankheit ist nicht zum Tode» (Joh. 11,4). Und doch starb ja Lazarus; als die Jünger mißverstanden, was Christus später hinzufügte: «Lazarus, unser Freund, schläft; aber ich gehe hin, ihn vom Schlaf aufzuwecken» (11,11), sagte er ihnen geradeheraus: «Lazarus ist tot» (11,14). Also, Lazarus ist tot, und doch war diese Krankheit nicht zum Tode; er war tot, und doch ist diese Krankheit nicht zum Tode. Wir wissen nun gut, daß Christus an das Wunder dachte, das die Mitlebenden befähigen sollte, «soweit sie glauben konnten, Gottes Herrlichkeit zu sehen» (11,40), das Wunder, durch welches er Lazarus von den Toten auferweckte, so daß «diese Krankheit» nicht bloß nicht zum Tode war, sondern, wie Christus voraussagte, «zu Gottes Ehre, auf daß Gottes Sohn dadurch geehrt werden sollte» (11,4): O gilt dies denn nicht ebenso, selbst wenn Christus nicht Lazarus auferweckt hätte, daß diese Krankheit, der Tod selbst, nicht zum Tode ist? Indem Christus zum Grabe hintritt und mit lauter Stimme ruft: «Lazarus, komm heraus!» (11,43), ist es ja gewiß, daß «diese» Krankheit nicht zum Tode ist. Aber wenn Christus dies auch nicht gesagt hätte — bloß dies, daß er, der «die Auferstehung und das Leben» (11,25) ist, zum Grabe hintritt, bedeutet dies nicht, daß diese Krankheit nicht zum Tode ist: Dies, daß Christus da ist, bedeutet es nicht, daß *diese* Krankheit nicht zum Tode ist? Und was hätte es Lazarus geholfen, von den Toten auferweckt zu werden, wenn es ja doch zum Schluß damit enden müßte, daß er stirbt — was hätte dies Lazarus geholfen, wenn *er* nicht war, er, der die Auferstehung und das Leben ist für jeden, der an ihn glaubt! Nein, nicht weil Lazarus von den Toten auferweckt wurde, nicht deshalb kann man sagen, daß *diese* Krankheit nicht zum Tode ist; sondern weil *er* da ist, deshalb ist diese Krankheit nicht zum Tode. Denn menschlich gesprochen ist der Tod das Letzte von allem, und menschlich gesprochen ist nur Hoffnung da, solange Leben da ist. Aber christlich verstanden ist der Tod keineswegs das Letzte von allem, auch er nur eine kleine Begebenheit innerhalb dessen, was da Alles ist, nämlich des ewigen Lebens; und christlich verstanden gibt es im Tode unendlich mehr Hoffnung als da, wo rein menschlich gesprochen nicht bloß Leben ist, sondern dieses Leben in vollster Gesundheit und Kraft.

Also ist, christlich verstanden, nicht einmal der Tod ‹die Krankheit zum Tode›, noch weniger als alles, was da irdisch und zeitlich Leiden, Not, Krankheit, Elend, Bedrängnis, Widerwärtigkeiten, Peinigungen, Seelenleiden, Trauer, Gram heißt. Und wäre solches auch noch so schwer und quälend, daß wir Menschen oder doch der Leidende sagen: «Dies ist schlimmer als der Tod» — alles solches, was, soweit es nicht Krankheit ist, verglichen werden kann mit einer Krankheit, ist doch, christlich verstanden, nicht die Krankheit zum Tode.

So hochgemut hat das Christentum die Christen von allem Irdischen und Weltlichen, den Tod eingerechnet, denken gelehrt. Es ist fast, als sollten die Christen sich durch diese stolze Erhebung über alles hinwegsetzen, was sonst der Mensch Unglück nennt, über alles, was sonst der Mensch das größte Übel nennt. Aber dann hat das Christentum wieder ein Elend entdeckt, von dem der Mensch als solcher nichts weiß; dieses Elend ist die Krankheit zum Tode. Was der natürliche Mensch als das Grauenvolle aufzählt, wenn er dann alles hergezählt hat und nichts mehr zu nennen weiß: das ist für die Christen wie ein Spaß. So ist das Verhältnis zwischen dem natürlichen Menschen und den Christen; es ist wie das Verhältnis zwischen einem Kind und einem Mann: Wovor dem Kinde graust, das hält der Mann für gar nichts. Das Kind weiß nicht, was das Entsetzliche ist; der Mann weiß es, und es graut ihm davor. Des Kindes Unvollkommenheit ist zuerst die, das Entsetzliche nicht zu kennen; und dann wiederum, was darin beschlossen liegt, die Unvollkommenheit, vor dem sich zu grauen, was nicht entsetzlich ist. Und so auch mit dem natürlichen Menschen, er ist unwissend über das, was in Wahrheit das Entsetzliche ist, doch ist er dadurch nicht von dem Grauen befreit, nein, es graut ihm vor dem, was nicht das Entsetzliche ist. Es ist ähnlich wie das Gottesverhältnis des Heiden: Er kennt nicht den wahren Gott, aber damit nicht genug, verehrt er einen Abgott als Gott.

Nur der Christ weiß, was unter Krankheit zum Tode verstanden wird. Er bekam als Christ einen Mut, den der natürliche Mensch nicht kennt — diesen Mut bekam er, indem er Furcht lernte vor dem noch Entsetzlicheren. Auf diese Weise bekommt ein Mensch immer Mut; wenn man eine größere Gefahr fürchtet, hat ein Mensch immer Mut, sich in eine kleinere hineinzubegeben; wenn man eine Gefahr unendlich fürchtet, ist es, als wären die anderen überhaupt nicht da. Das Entsetzliche aber, welches die Christen kennenlernen, ist «die Krankheit zum Tode».

ERSTER ABSCHNITT

Die Krankheit zum Tode ist Verzweiflung

A. Dass Verzweiflung Krankheit zum Tode ist

*A. Verzweiflung ist eine Krankheit im Geist, im Selbst, und kann
so ein Dreifaches sein: verzweifelt sich nicht bewußt sein, ein Selbst
zu haben (uneigentliche Verzweiflung); verzweifelt nicht man selbst
sein wollen; verzweifelt man selbst sein wollen*

Der Mensch ist Geist. Aber was ist Geist? Geist ist das Selbst. Aber
was ist das Selbst? Das Selbst ist ein Verhältnis, das sich zu sich
selbst verhält, oder ist das am Verhältnis, daß das Verhältnis sich
zu sich selbst verhält; das Selbst ist nicht das Verhältnis, sondern
daß das Verhältnis sich zu sich selbst verhält. Der Mensch ist eine
Synthese von Unendlichkeit und Endlichkeit, von Zeitlichem und
Ewigem, von Freiheit und Notwendigkeit, kurz, eine Synthese. Eine
Synthese ist ein Verhältnis zwischen zweien. So betrachtet ist der
Mensch noch kein Selbst.

Im Verhältnis zwischen zweien ist das Verhältnis das Dritte als
negative Einheit, und die zwei verhalten sich zum Verhältnis und
im Verhältnis zum Verhältnis; so ist unter der Bestimmung Seele
das Verhältnis zwischen Seele und Leib ein Verhältnis. Verhält sich
dagegen das Verhältnis zu sich selbst, dann ist dieses Verhältnis
das positive Dritte, und dies ist das Selbst.

Ein solches Verhältnis, das sich zu sich selbst verhält, ein Selbst,
muß entweder sich selbst gesetzt haben oder durch ein anderes gesetzt sein.

Ist das Verhältnis, das sich zu sich selbst verhält, durch ein
anderes gesetzt, dann ist das Verhältnis wahrscheinlich das Dritte,
aber dieses Verhältnis, das Dritte, ist dann doch wiederum ein Verhältnis, verhält sich zu dem, was da das ganze Verhältnis gesetzt
hat.

Ein derart abgeleitetes, gesetztes Verhältnis ist das Selbst des
Menschen, ein Verhältnis, das sich zu sich selbst verhält und, indem
es sich zu sich selbst verhält, sich zu einem anderen verhält. Daher
kommt es, daß zwei Formen für eigentliche Verzweiflung entstehen
können. Hätte das Selbst des Menschen sich selbst gesetzt, dann
könnte nur von einer Form die Rede sein, von der, nicht man selbst

sein zu wollen, sich selbst loswerden zu wollen, aber es könnte nicht die Rede davon sein, verzweifelt man selbst sein zu wollen. Diese Formel ist nämlich der Ausdruck für die Abhängigkeit des ganzen Verhältnisses (des Selbst), der Ausdruck dafür, daß das Selbst nicht durch sich selbst dazu kommen kann, in Gleichgewicht und Ruhe zu sein, sondern nur dadurch, daß es sich, indem es sich zu sich selbst verhält, zu dem verhält, welches das ganze Verhältnis gesetzt hat. Ja, es ist so weit davon entfernt, daß diese zweite Form von Verzweiflung (verzweifelt man selbst sein wollen) nur eine eigene Art von Verzweiflung bezeichnet, daß im Gegenteil alle Verzweiflung zum Schluß in sie aufgelöst und auf sie zurückgeführt werden kann. Wenn ein Verzweifelnder, wie er meint, aufmerksam auf seine Verzweiflung ist, nicht sinnlos über sie redet wie über etwas, das ihm passiert (ungefähr, wie wenn der, der am Schwindel leidet, in nervösem Selbstbetrug von einer Schwere auf dem Kopf redet, oder daß es sei, als fiele etwas auf ihn hernieder usw., während doch Schwere und Druck nicht etwas Äußeres sind, sondern eine umgekehrte Reflexion des Inneren) — und nun mit aller Gewalt durch sich selbst und alleine durch sich selbst die Verzweiflung beheben will: dann ist er noch in der Verzweiflung und arbeitet sich mit all seinem verzweifelten Arbeiten nur desto tiefer in eine tiefere Verzweiflung. Das Mißverhältnis der Verzweiflung ist nicht ein einfaches Mißverhältnis, sondern ein Mißverhältnis in einem Verhältnis, das sich zu sich selbst verhält und von einem anderen gesetzt ist, so daß das Mißverhältnis in jenem für sich seienden Verhältnis sich zugleich unendlich reflektiert im Verhältnis zu der Macht, die es setzte.

Dies ist nämlich die Formel, die den Zustand des Selbst beschreibt, wenn die Verzweiflung ganz beseitigt ist: Indem es sich zu sich selbst verhält und indem es es selbst sein will, gründet das Selbst durchsichtig in der Macht, die es setzte.

B. Die Möglichkeit und Wirklichkeit der Verzweiflung

Ist Verzweiflung ein Vorzug oder ein Mangel? Rein dialektisch ist sie beides. Wollte man den abstrakten Gedanken Verzweiflung festhalten, ohne irgendeinen Verzweifelten zu denken, dann müßte man sagen, sie sei ein ungeheurer Vorzug. Die Möglichkeit dieser Krankheit ist der Vorzug des Menschen gegenüber dem Tier, und dieser

Vorzug zeichnet ihn noch ganz anders aus als der aufrechte Gang, denn sie deutet auf die unendliche Aufgerichtetheit oder Erhabenheit, daß er Geist ist. Die Möglichkeit dieser Krankheit ist der Vorzug des Menschen gegenüber dem Tier; auf diese Krankheit aufmerksam zu sein ist der Vorzug des Christen gegenüber dem natürlichen Menschen; von dieser Krankheit geheilt zu sein ist die Seligkeit des Christen.

Also ist es ein unendlicher Vorzug, verzweifeln zu können; und doch ist es nicht bloß das größte Unglück und Elend, verzweifelt zu sein, nein, es ist Verlorenheit. So ist das Verhältnis zwischen Möglichkeit und Wirklichkeit sonst nicht; ist es ein Vorzug, dies und dies sein zu können, dann ist es ein noch größerer Vorzug, es zu sein, das will heißen, dies Sein verhält sich zum Seinkönnen wie eine Steigerung. Was dagegen die Verzweiflung angeht, so verhält sich das Sein zum Seinkönnen wie eine niedere Stufe; so unendlich der Vorzug der Möglichkeit ist, so tief ist der Fall. Dies, was also im Verhältnis zur Verzweiflung die Steigerung ist, ist: nicht Verzweiflung zu sein. Doch ist diese Bestimmung wiederum zweideutig. Nicht verzweifelt zu sein ist nicht dasselbe wie nicht lahm, blind und dergleichen zu sein. Wenn Nichtverzweifeltsein weder mehr noch weniger ist, als nicht verzweifelt zu sein, so ist es gerade Verzweifeltsein. Dies, nicht verzweifelt sein, muß die vernichtete Möglichkeit dessen bedeuten, es sein zu können; wenn dies wahr sein soll, daß ein Mensch nicht verzweifelt ist, so muß er in jedem Augenblick die Möglichkeit zunichte machen. So ist das Verhältnis zwischen Möglichkeit und Wirklichkeit sonst nicht. Denn wohl sagen die Denker [1], daß Wirklichkeit die vernichtete Möglichkeit ist, aber dies ist nicht ganz richtig, sie ist die ausgefüllte, die wirksame Möglichkeit. Hier dagegen ist die Wirklichkeit (nicht verzweifelt zu sein), die deshalb auch eine Negation ist, die ohnmächtige, vernichtete Möglichkeit; sonst ist die Wirklichkeit im Verhältnis zur Möglichkeit eine Bejahung [Bestätigung], hier eine Verneinung.

Verzweiflung ist das Mißverhältnis in dem Verhältnis einer Synthese, das sich zu sich selbst verhält. Aber die Synthese ist nicht das Mißverhältnis, sie ist bloß die Möglichkeit, oder in der Synthese liegt die Möglichkeit des Mißverhältnisses. Wäre die Synthese das Mißverhältnis, dann gäbe es überhaupt keine Verzweiflung, dann

---

1 Wahrscheinlich Johannes Climacus in ‹Philosophische Brocken›, S. V. IV 265/66.

würde die Verzweiflung etwas sein, das in der Menschennatur als solcher läge, das heißt, dann wäre es nicht Verzweiflung; es würde etwas sein, was dem Menschen passierte, etwas, das er erlitte, wie eine Krankheit, in welche der Mensch fiele, oder wie der Tod, der das Los aller ist. Nein, dies, zu verzweifeln, liegt im Menschen selbst; aber wäre er nicht Synthese, könnte er überhaupt nicht verzweifeln, und wäre die Synthese nicht ursprünglich aus Gottes Hand in dem rechten Verhältnis, könnte er auch nicht verzweifeln.

Woher kommt dann die Verzweiflung? Von dem Verhältnis, in dem die Synthese sich zu sich selbst verhält, indem Gott, der den Menschen zu einem Verhältnis machte, dieses gleichsam aus seiner Hand gleiten läßt, d. h., indem das Verhältnis sich zu sich selbst verhält. Und darin, daß das Verhältnis Geist ist, das Selbst ist, darin liegt die Verantwortung, unter welcher alle Verzweiflung ist und jeden Augenblick ist, den sie ist; wie sinnreich und sich selbst wie andere täuschend auch der Verzweifelnde über seine Verzweiflung als ein Unglück redet — durch eine Verwechslung wie in jenem angeführten Falle von Schwindligkeit, mit welchem die Verzweiflung, wenn auch qualitativ verschieden, viel gemeinsam hat, da der Schwindel unter der Bestimmung Seele dasjenige ist, was die Verzweiflung unter der Bestimmung Geist ist — und trächtig ist mit Analogien zur Verzweiflung.

Wenn so das Mißverhältnis, die Verzweiflung, eingetreten ist, versteht es sich dann von selbst, daß es dauert? Nein, das versteht sich nicht von selbst; wenn das Mißverhältnis andauert, folgt dies nicht aus dem Mißverhältnis, sondern aus dem Verhältnis, das sich zu sich selbst verhält. Dies will sagen, es muß auf das Verhältnis zurückgegangen werden bei jedem Mal, wo das Mißverhältnis sich äußert, und in jedem Augenblick, wo es da ist. Seht, man spricht darüber, daß ein Mensch sich eine Krankheit zuzieht, z. B. durch Unvorsichtigkeit. Dann tritt die Krankheit ein, und von dem Augenblick an macht sie sich geltend und ist nun eine *Wirklichkeit*, deren Ursprung immer mehr *vergangen* ist. Es würde sowohl grausam wie unmenschlich sein, wenn man in einem fort dabei bleiben wollte zu sagen, «in diesem Augenblick ziehst du, der Kranke, dir diese Krankheit zu», das wäre, als ob man in jedem Augenblick die Wirklichkeit der Krankheit in ihre Möglichkeit auflösen wollte. Es ist wahr, daß er sich die Krankheit zuzog, aber das tat er nur einmal, das Andauern der Krankheit ist eine einfache Konsequenz davon, daß er sie sich einmal zuzog, ihr Fortgang ist nicht in jedem Augenblick auf ihn als Ursache zurückzuführen; er zog sie sich zu, aber man kann nicht sagen, *er zieht sie sich zu*. Anders ist es mit dem Verzweifeln; jeder wirkliche Augenblick der Verzweiflung ist auf die Möglichkeit zurückzuführen, jeden Augenblick, da er verzweifelt ist, *zieht er sich dies [Verzweifeltsein] zu*; es ist beständig die gegenwärtige Zeit, da entsteht nichts im Verhältnis zur Wirklichkeit zurückgelegtes Vergangenes; in jedem wirklichen Augenblick der Verzweiflung trägt der Verzweifelte all das Vorhergehende in der Möglichkeit wie ein Gegenwärtiges. Dies kommt daher, daß Verzweifeln eine Bestimmung des Geistes ist und sich zum Ewigen im Menschen verhält. Aber das Ewige kann er nicht loswerden, nein, in alle Ewigkeit nicht; er kann es nicht ein für allemal von sich werfen, nichts ist unmöglicher; er muß in jedem Augenblick, wo er es nicht hat, es von sich geworfen haben oder werfen — aber es kommt wieder, es ist da, in jedem Augenblick, wo er verzweifelt ist, zieht er sich das Verzweifeln zu. Denn die Verzweiflung folgt nicht aus dem Mißverhältnis, sondern aus dem Verhältnis, das sich zu sich selbst verhält. Und das Verhältnis zu sich selbst kann ein Mensch nicht loswerden, sowenig wie sein eigenes Selbst, was im übrigen ein und dasselbe ist, da ja das Selbst das Verhältnis zu sich selbst ist.

C. Verzweiflung ist: ‹Die Krankheit zum Tode›

Dieser Begriff ‹Krankheit zum Tode› muß doch auf eine eigene Weise verstanden werden. Er bedeutet zunächst eine Krankheit, deren Ausgang der Tod ist. So spricht man von einer tödlichen Krankheit im selben Sinne wie von einer Krankheit zum Tode. In diesem Sinne kann Verzweiflung nicht Krankheit zum Tode genannt werden. Sondern christlich verstanden ist der Tod selbst ein Durchgang zum Leben. Insoweit ist, christlich, keine irdische körperliche Krankheit zum Tode. Denn der Tod ist freilich das letzte Stadium der Krankheit, aber der Tod ist nicht das Letzte. Soll da im strengsten Sinne die Rede sein von einer Krankheit zum Tode, dann muß dies eine solche sein, bei der das Letzte der Tod ist und der Tod das Letzte ist. Und dies ist gerade Verzweiflung.

Doch ist Verzweiflung in einem anderen Sinne, in noch bestimmterer Weise Krankheit zum Tode. Es ist nämlich so weit wie möglich davon entfernt, daß man, geradeheraus verstanden, an dieser Krankheit stirbt oder daß diese Krankheit mit dem leiblichen Tod endet. Im Gegenteil, die Qual der Verzweiflung ist gerade, nicht sterben zu können. Sie hat auf diese Art mehr gemeinsam mit dem Zustand des Todkranken, wenn er liegt und sich mit dem Tode quält und nicht sterben kann. So ist dies Zum-Tode-krank-Sein das Nicht-sterben-Können, doch nicht so, als gäbe es noch Hoffnung auf Leben, nein, die Hoffnungslosigkeit ist, daß selbst die letzte Hoffnung, der Tod, nicht vorhanden ist. Wenn der Tod die größte Gefahr ist, hofft man auf das Leben; wenn man aber die noch entsetzlichere Gefahr kennenlernt, hofft man auf den Tod. Wenn dann die Gefahr so groß ist, daß der Tod die Hoffnung geworden ist, dann ist Verzweiflung die Hoffnungslosigkeit, nicht einmal sterben zu können.

In dieser letzten Bedeutung ist Verzweiflung die Krankheit zum Tode, dieser qualvolle Widerspruch, diese Krankheit im Selbst, ewig zu sterben, zu sterben und doch nicht zu sterben, den Tod zu töten (Døe døden). Denn sterben bedeutet, daß es vorbei ist, aber den Tod sterben bedeutet, es zu erleben zu sterben; und läßt dies sich einen einzigen Augenblick erleben, so ist man damit für ewig verbannt, es zu erleben. Sollte ein Mensch aus Verzweiflung sterben, wie man an einer Krankheit stirbt, so müßte das Ewige in ihm, das Selbst, im selben Sinne sterben können, wie der Körper an der Krankheit stirbt. Aber dies ist eine Unmöglichkeit; das Sterben der Verzweiflung setzt sich beständig in ein Leben um. Der Verzweifelte kann nicht sterben; «sowenig wie der Dolch Gedanken töten kann», sowenig kann die Verzweiflung das Ewige, das Selbst, verzehren, das der Verzweiflung zugrunde liegt, deren Wurm nicht stirbt und deren Feuer nicht gelöscht wird. Doch ist Verzweiflung gerade eine *Selbst*verzehrung, aber eine ohnmächtige Selbstverzehrung, die nicht vermag, was sie selbst will. Sondern was sie selbst will, ist sich selbst verzehren, was sie nicht vermag, und diese Ohnmacht ist eine neue Form der Selbstverzehrung, in welcher doch die Verzweiflung wiederum nicht vermag, was sie will, sich selbst verzehren; dies ist eine Potenzierung oder das Gesetz der Potenzierung. Dies ist das Aufflammen, oder dies ist der kalte Brand in der Verzweiflung, dies Nagende, dessen Bewegung immer mehr sich nach innen richtet, tiefer und tiefer in ohnmächtiger Selbstverzehrung. Weit entfernt, daß es ein Trost für den Verzweifelnden wäre, daß die Verzweiflung ihn nicht verzehrt, ist es gerade das Entgegengesetzte, dieser Trost ist gerade die Qual, ist gerade das, was das Nagen am Leben erhält und das Leben im Nagen; denn gerade darüber — nicht verzweifelte

— sondern verzweifelt er: daß er sich nicht selbst verzehren kann, nicht sich selbst loswerden kann, nicht zu Nichts werden kann. Dies ist die potenzierte Formel für die Verzweiflung, das Steigen des Fiebers in dieser Krankheit des Selbst.

Ein Verzweifelnder verzweifelt über *etwas*. So sieht es einen Augenblick aus, aber das ist nur ein Augenblick; im selben Augenblick zeigt sich die wahre Verzweiflung oder die Verzweiflung in ihrer Wahrheit. Indem er über *etwas* verzweifelte, verzweifelte er eigentlich über *sich selbst* und will nun sich selbst loswerden. Wenn so der Herrschsüchtige, dessen Losung ist «entweder Cäsar oder nichts», nicht Cäsar wird, dann verzweifelt er darüber. Aber dies bedeutet etwas anderes: daß er, eben weil er nicht Cäsar wurde, es jetzt nicht aushalten kann, er selbst zu sein. Er verzweifelt also eigentlich nicht darüber, daß er nicht Cäsar wurde, sondern über sich selbst, daß er nicht Cäsar wurde. Dieses Selbst, das, wenn es Cäsar geworden wäre, seine höchste Lust gewesen wäre, in einem anderen Sinne übrigens ebenso verzweifelt, dieses Selbst ist ihm nun das Unerträglichste von allem. Was ihm das Unerträgliche ist, ist im tieferen Sinne nicht dies, daß er nicht Cäsar wurde, sondern dieses Selbst, das nicht Cäsar wurde, ist ihm das Untragbare, oder noch richtiger: es ist ihm unerträglich, daß er sich selbst nicht loswerden kann. Wenn er Cäsar geworden wäre, dann wäre er verzweifelt sich selber losgeworden; aber nun wurde er nicht Cäsar und kann verzweifelt sich nicht loswerden. Wesentlich ist er ebenso verzweifelt, denn er hat nicht sein Selbst, er hat nicht sich selbst. Indem er Cäsar geworden wäre, wäre er doch nicht er selbst geworden, sondern sich selber losgeworden; und indem er nicht Cäsar wird, verzweifelt er darüber, daß er sich selbst nicht loswerden kann. Deshalb ist es eine oberflächliche Betrachtungsweise (die vermutlich niemals einen Verzweifelten gesehen hat, nicht einmal sich selbst), wenn man von einem Verzweifelten sagt, als wäre dies seine Strafe: er verzehrt sich selbst. Denn gerade dies ist es, worüber er verzweifelt [d. h. was er verzweifelt will]], und gerade dies ist es, was er zu seiner Qual nicht kann, da durch die Verzweiflung etwas in Flammen geraten ist, was nicht brennen kann oder nicht verbrennen kann, das Selbst.

Über etwas verzweifeln ist also noch nicht eigentliches Verzweifeln. Es ist ein Anfang, oder es ist, wie wenn der Arzt von einer Krankheit sagt, sie hat sich noch nicht klar herausgestellt. Das nächste ist die erklärte Verzweiflung, über sich selbst zu verzweifeln. Ein junges Mädchen verzweifelt an der Liebe, sie verzweifelt also über

den Verlust des Geliebten, daß er starb oder daß er ihr untreu wurde. Dies ist keine erklärte Verzweiflung, nein, sie verzweifelt über
sich selbst. Dieses ihr Selbst, welches sie, wenn es ‹seine› Geliebte
geworden wäre, auf die holdseligste Weise losgeworden wäre oder
verloren hätte, dieses Selbst ist ihr nun eine Plage, wenn es ein Selbst
ohne ‹ihn› sein soll; dieses Selbst, das ihr, übrigens in einem anderen Sinne ebenso verzweifelt, ihr Reichtum geworden wäre, ist ihr
nun eine widerwärtige Leerheit geworden, da ‹er› tot ist, oder es ist
ihr ein Abscheu geworden, da es sie daran erinnert, daß sie betrogen
ist. Versuche es nun und sage zu einem solchen Mädchen: Du ver-
zehrst dich selbst, und du wirst sie antworten hören: «O nein, die
Qual ist gerade, daß ich dies nicht kann.»

Über sich verzweifeln, verzweifelt sich selbst loswerden wollen ist
die Formel für alle Verzweiflung, so daß deshalb die zweite Form der
Verzweiflung, verzweifelt man selbst sein wollen, auf die erste zurückgeführt werden kann, verzweifelt nicht man selbst sein wollen,
ebenso wie wir in dem Vorhergehenden die Form, verzweifelt nicht
man selbst sein wollen, auflösten in die, verzweifelt man selbst
sein wollen (vgl. *A*). Ein Verzweifelnder will verzweifelt er selbst
sein. Aber wenn er verzweifelt er selbst sein will, dann will er sich
ja nicht los sein. Ja, so scheint es; aber wenn man näher hinsieht,
erkennt man doch, daß der Widerspruch der gleiche ist. Das
Selbst, das er verzweifelt sein will, ist ein Selbst, das er nicht ist
(denn das Selbst sein wollen, das er in Wahrheit ist, ist ja gerade
das Entgegengesetzte der Verzweiflung), er will nämlich sein Selbst
von der Macht losreißen, die es setzte. Aber dies vermag er trotz
allen Verzweifelns nicht; trotz aller Anstrengung der Verzweiflung ist jene Macht die stärkere und zwingt ihn, das Selbst zu
sein, das er nicht sein will. Aber so will er ja sich selbst loswerden, das Selbst, das er ist, loswerden, um das Selbst zu sein, wonach
er selber getrachtet hat. Ein Selbst zu sein, wie er das will, würde,
wenn auch in einem anderen Sinne ebenso verzweifelt, seine höchste Lust sein; aber gezwungen zu werden, Selbst zu sein, wie er es
nicht sein will, das ist seine Qual, die ist, daß er sich selber nicht loswerden kann.

Sokrates bewies die Unsterblichkeit der Seele daraus, daß die
Krankheit der Seele (die Sünde) sie nicht verzehrt, wie die Krankheit des Körpers den Körper verzehrt. So kann man auch das Ewige
in einem Menschen daraus beweisen, daß die Verzweiflung sein
Selbst nicht verzehren kann, daß eben dies die Qual des Wider-

spruchs in der Verzweiflung ist. Gäbe es nichts Ewiges in einem Menschen, dann könnte er überhaupt nicht verzweifeln; könnte aber die Verzweiflung sein Selbst verzehren, dann gäbe es dennoch keine Verzweiflung.

So ist Verzweiflung, diese Krankheit im Selbst, die Krankheit zum Tode. Der Verzweifelte ist todkrank. Es sind, in einem ganz anderen Sinne, als dies von irgendeiner Krankheit gilt, die edelsten Teile, die die Krankheit angegriffen hat; und doch kann er nicht sterben. Der Tod ist nicht das Letzte der Krankheit, aber der Tod ist in einem fort das Letzte. Von dieser Krankheit erlöst zu werden durch den Tod ist eine Unmöglichkeit, denn die Krankheit und deren Qual — und der Tod ist gerade, nicht sterben zu können.

Dies ist der Zustand in der Verzweiflung. Wenn er auch noch so sehr dem Verzweifelten entgeht, wenn es auch noch so sehr dem Verzweifelten glückt (welches besonders von der Art Verzweiflung gilt, die Unwissenheit über das Verzweifeltsein ist), ganz sein Selbst verloren zu haben und es so verloren zu haben, daß es nicht im geringsten gespürt wird: die Ewigkeit wird es dann doch offenbar machen, daß sein Zustand Verzweiflung war, und ihm sein Selbst so festnageln, daß die Qual doch bleibt, sein Selbst nicht loswerden zu können, und es offenbar wird, daß es eine Einbildung war, es sei ihm geglückt. Und so muß es die Ewigkeit machen, denn dies, ein Selbst zu haben, ein Selbst zu sein, ist das größte, das unendliche Zugeständnis, das einem Menschen gemacht wurde, zugleich aber die Forderung der Ewigkeit an ihn.

B. DIE ALLGEMEINHEIT [GEWÖHNLICHKEIT] DIESER KRANKHEIT (VERZWEIFLUNG)

Wie der Arzt wohl sagen kann, daß vielleicht nicht ein einziger Mensch lebt, der ganz gesund ist, so könnte man, wenn man den Menschen recht kennte, sagen, nicht ein einziger Mensch lebe, ohne daß er doch etwas verzweifelt sei, ohne daß doch im Innersten eine Unruhe wohne, ein Unfrieden, eine Disharmonie, eine Angst vor etwas Unbekanntem oder vor etwas, womit er nicht einmal Bekanntschaft zu machen wagt, eine Angst vor einer Möglichkeit des Daseins oder eine Angst vor sich selbst, so daß er doch, wie der Arzt davon redet, man laufe mit einer Krankheit im Leibe herum, mit einer Krankheit geht, herumläuft und an einer Krankheit des Geistes trägt, die ein einzelnes Mal blitzartig durch eine ihm selbst unerklärliche Angst verrät, daß sie in ihm steckt. Und auf jeden Fall hat kein Mensch gelebt und lebt kein Mensch außerhalb der Christenheit, ohne daß er verzweifelt ist, und in der Christenheit keiner, sofern er nicht ein wahrer Christ ist; und soweit er dies nicht ganz ist, ist er doch etwas verzweifelt.

Diese Betrachtung wird wahrscheinlich manchen als ein Paradox erscheinen, als eine Übertreibung und dazu als eine dunkle und verstimmende Anschauungsweise. Doch ist sie nichts von alledem. Sie ist nicht dunkel, sie sucht im Gegenteil Licht zu schaffen in dem, was man gewöhnlich in einer gewissen Dunkelheit läßt; sie ist nicht verstimmend, im Gegenteil, erhebend, da sie jeden Menschen unter der Bestimmung der höchsten Forderung an ihn betrachtet, Geist zu sein; sie ist auch nicht ein Paradox, im Gegenteil, eine konsequent durchgeführte Grundanschauung und insofern auch keine Übertreibung.

Die gewöhnliche Betrachtung der Verzweiflung bleibt dagegen beim Anschein stehen und ist dergestalt eine oberflächliche Betrachtung, d. h. keine Betrachtung. Sie nimmt an, daß jeder Mensch am besten über sich selbst Bescheid wissen muß, ob er verzweifelt ist oder nicht. Derjenige, der sagt, er sei es, der wird für verzweifelt angesehen; wer aber meint, er sei es nicht, der wird auch nicht dafür angesehen. Infolgedessen wird die Verzweiflung ein selteneres Phänomen, während sie doch das ganz Gewöhnliche ist. Es ist nicht das Seltene, daß einer verzweifelt ist; nein, das ist das Seltene, das sehr Seltene, daß einer in Wahrheit es nicht ist.

Aber die vulgäre Betrachtung versteht sich sehr schlecht auf Verzweiflung. Sie übersieht so unter anderem ganz (um bloß dies zu nennen, was doch, richtig verstanden, Tausende und aber Tausende und Millionen unter die Bestimmung Verzweiflung bringt), sie übersieht ganz, daß es gerade eine Form der Verzweiflung ist, es nicht zu sein, sich nicht bewußt zu sein, daß man es ist. Es geht der vulgären Betrachtung in einem weit tieferen Sinne bei dem Verständnis der Verzweiflung so, wie es ihr zuweilen geht bei der Bestimmung, ob ein Mensch krank ist oder nicht — in einem weit tieferen Sinne; denn die vulgäre Betrachtung versteht sich noch weit weniger darauf, was Geist ist (und ohne dies kann man sich auch nicht auf Verzweiflung verstehen), als auf Krankheit und Gesundheit. Gewöhnlich nimmt man an, daß ein Mensch, wenn er nicht selbst sagt, er sei krank, gesund ist, und besonders noch, wenn er selbst sagt, daß er gesund sei. Der Arzt dagegen betrachtet die Krankheit anders. Und warum? Weil der Arzt eine bestimmte und ausgebildete Vorstellung davon hat, was das ist, gesund zu sein, und nach dieser prüft er den Zustand eines Menschen. Der Arzt weiß, daß, wie es eine Krankheit gibt, die nur Einbildung ist, so auch eine Gesundheit; er wendet deshalb im letzten Falle zunächst Mittel an, um die Krankheit offenbar werden zu lassen. Überhaupt hat der Arzt, gerade weil er Arzt (der Einsichtsvolle) ist, nicht unbedingt Zutrauen zu den eigenen Aussagen eines Menschen über sein Befinden. Wenn es der Fall wäre, daß man sich unbedingt darauf verlassen könnte, was jeder Mensch über sein Befinden sagt, ob er gesund oder krank ist, wie er leidet usw., dann wäre das Arztsein eine Einbildung. Denn ein Arzt hat nicht bloß Heilmittel zu verschreiben, sondern zuerst und zuvörderst die Krankheit zu erkennen und also zuerst zu erkennen, ob der vermeintlich Kranke wirklich krank ist oder ob der vermeintlich Gesunde vielleicht in Wirklichkeit krank ist. So auch mit dem Verhalten des Seelenkundigen zur Verzweiflung. Er weiß, was Verzweiflung ist, er erkennt sie und begnügt sich deshalb weder mit der Aussage eines Menschen, er sei nicht verzweifelt, noch mit der Aussage, er sei es. Es muß nämlich festgestellt werden, daß in einem gewissen Sinne auch nicht immer die verzweifelt sind, die sagen, sie seien es. Man kann ja Verzweiflung simulieren, und man kann sich irren und Verzweiflung, die eine Bestimmung des Geistes ist, verwechseln mit allerlei vorübergehender Verstimmtheit, Zerrissenheit, die wieder vorübergeht, ohne es bis zur Verzweiflung zu bringen. Indessen sieht der Psychologe auch dies für Formen der Verzweiflung an; er sieht sehr gut, daß es Simulieren ist — aber gerade dies Simulieren ist Verzweiflung; er sieht sehr gut, daß diese Verstimmtheit usw. nichts Großes zu bedeuten hat — aber gerade dies, daß es nichts Großes zu bedeuten hat und bedeuten wird, ist Verzweiflung.

Die vulgäre Betrachtung übersieht ferner, daß Verzweiflung, verglichen mit einer Krankheit, in anderer Weise dialektisch ist, als was man sonst Krankheit nennt, weil sie eine Krankheit des Geistes ist. Und dieses Dialektische, richtig verstanden, bringt wiederum Tausende unter die Bestimmung Verzweiflung. Wenn nämlich ein Arzt in einem gegebenen Augenblick sich vergewissert hat, daß der und der gesund ist — und dieser dann in einem späteren Augenblick krank wird: dann kann der Arzt darin recht haben, daß dieser Mensch damals gesund *war*, jetzt dagegen *ist* er krank. Anders mit der Verzweiflung. Wenn die Verzweiflung sich zeigt, dann erweist es sich, daß der Mensch verzweifelt war. Insofern kann man in keinem Augenblick etwas über einen Menschen entscheiden, der nicht dadurch gerettet ist, daß er verzweifelt war. Denn sobald das eintritt, was ihn zur Verzweiflung bringt, so wird es im selben Augenblick offenbar, daß er sein ganzes vorhergehendes Leben hindurch verzweifelt war. Dagegen kann man, wenn einer Fieber bekommt, keineswegs sagen, es werde nun offenbar, daß er sein ganzes Leben hindurch Fieber gehabt habe. Die Verzweiflung aber ist eine Bestimmung des Geistes und verhält sich zum Ewigen und hat deshalb etwas vom Ewigen in ihrer Dialektik.

Verzweiflung ist nicht nur in anderer Weise dialektisch als eine Krankheit, sondern in Beziehung auf Verzweiflung sind auch alle Kennzeichen dialektisch, und deshalb wird die oberflächliche Betrachtung so leicht getäuscht bei der Feststellung, ob Verzweiflung vorliegt oder nicht. Nicht verzweifelt zu sein kann nämlich gerade bedeuten, verzweifelt zu sein, und es kann bedeuten, von der Verzweiflung erlöst zu sein. Sicherheit und Beruhigung können bedeuten, verzweifelt zu sein, gerade diese Sicherheit, diese Beruhigung kann Verzweiflung sein; und sie kann bedeuten, die Verzweiflung überwunden und Frieden gewonnen zu haben. Es ist mit dem Nicht-verzweifelt-Sein nicht so wie mit dem Nicht-krank-Sein; denn dies, nicht krank zu sein, kann doch nicht bedeuten, krank zu sein, aber das Nicht-verzweifelt-Sein kann gerade heißen, daß man verzweifelt ist. Es ist mit der Verzweiflung nicht wie mit einer Krankheit, daß das Übelbefinden die Krankheit ist. Keineswegs. Das Übelbefinden ist wieder dialektisch. Dies, niemals das Übelbefinden verspürt zu haben, ist gerade Verzweifeltsein.

Dies will sagen und hat seinen Grund darin, daß der Zustand des Menschen als Geist betrachtet (und soll man über die Verzweiflung reden, muß man den Menschen unter der Bestimmung Geist betrachten) allezeit kritisch ist. Man spricht in bezug auf Krankheit von einer Krise, aber nicht in bezug auf Gesundheit. Und warum nicht? Weil körperliche Gesundheit eine unmittelbare Bestimmung ist, die erst im Zustand der Krankheit dialektisch wird, wo dann die Rede ist von einer Krise. Aber geistig, oder wenn der Mensch als Geist betrachtet wird, ist sowohl Gesundheit wie Krankheit kritisch; es gibt keine unmittelbare Gesundheit des Geistes.

Sobald man den Menschen nicht unter der Bestimmung Geist betrachtet (und wenn nicht, dann kann man auch nicht von Verzweiflung reden), sondern nur als seelisch-leibliche Synthese, dann ist die Gesundheit eine unmittelbare Bestimmung und erst die Krankheit der Seele oder des Leibes die dialektische Bestimmung. Aber Verzweiflung ist gerade, daß der Mensch sich nicht bewußt ist, als Geist bestimmt zu sein. Selbst was, menschlich gesprochen, das Schönste und Liebenswerteste von allem ist, eine weibliche Jugendlichkeit, die eitel Friede und Harmonie und Freude ist: es ist doch Verzweiflung. Es ist nämlich Glück, aber Glück ist keine Bestimmung des Geistes, und tief, tief innen, zuallerinnerst in der heimlichsten Verborgenheit des Glückes, da wohnt auch die Angst, welche die Verzweiflung ist; sie möchte so gerne Erlaubnis haben, drinnen zu bleiben, denn dies ist die liebste, die ausgesuchteste Wohnstatt der Verzweiflung: im innersten Innern des Glücks. Alle Unmittelbarkeit ist trotz ihrer illusorischen Sicherheit und Ruhe Angst und deshalb ganz folgerichtig am meisten Angst vor dem Nichts; man macht der Unmittelbarkeit durch die grauenvollste Beschreibung des Entsetzlichsten nicht so angst wie mit einem hinterlistigen, fast nachlässigen, aber doch mit dem sicher berechnenden Blick der Reflexion hingeworfenen halben Wort von etwas Unbestimmtem, ja, man macht der Unmittelbarkeit am meisten angst, indem man ihr auf listige Weise andeutet, daß sie sicher selbst wisse, wovon man spreche. Denn wahrscheinlich weiß die Unmittelbarkeit es nicht; aber niemals fängt die Reflexion so sicher jemanden ein, als wenn sie ihre Schlinge aus dem Nichts bildet, und niemals ist die Reflexion so sehr sie selbst, als wenn sie — nichts ist. Es gehört eine außerordentliche Reflexion, oder richtiger, es gehört ein großer Glaube dazu, um die Reflexion des Nichts oder der Unendlichkeit aushalten zu können. Also ist selbst das Schönste und Liebenswerteste von allem, eine weibliche Jugendlichkeit, doch Verzweiflung, ist Glück. Deshalb gelingt es ja auch nicht, mit dieser Unmittelbarkeit durch das Leben zu schlüpfen. Und glückt es diesem Glück, durchzuschlüpfen, ja, das hilft nur wenig, denn es ist Verzweiflung. Verzweiflung ist nämlich, gerade weil sie ganz dialektisch ist, die Krankheit, von der es gilt, daß es das größte Unglück ist, sie niemals gehabt zu haben — ein wahres Gottesglück, sie zu bekommen, wenn es auch die allergefährlichste Krankheit ist, wenn man von ihr nicht geheilt werden will. Sonst kann doch nur die Rede davon sein, daß es ein Glück ist, von einer Krankheit geheilt zu werden, die Krankheit selbst ist das Unglück.

Es ist deshalb so gut wie ausgeschlossen, daß die vulgäre Betrachtung recht hat, die annimmt, daß Verzweiflung das Seltene ist, sie ist im Gegenteil das ganz Gewöhnliche. Es liegt so fern wie möglich, daß die vulgäre Betrachtung recht hat, die annimmt, daß jeder, der nicht glaubt oder verspürt, daß er verzweifelt ist, dies auch nicht ist, und daß nur der es ist, der sagt, daß er es ist. Wer dagegen ohne Verstellung sagt, daß er es ist, der ist doch ein wenig dialektisch näher daran, geheilt zu werden, als alle die, welche nicht für verzweifelt angesehen werden oder sich dafür ansehen. Aber gerade dieses ist, worin gewiß der Seelenkundige mir recht geben wird, das Allgemeine, daß die meisten Menschen leben, ohne sich selbst bewußt zu werden, daß sie als Geist bestimmt sind — und daraus kommt all die sogenannte Sicherheit und Zufriedenheit mit dem Leben usw. usw., was gerade Verzweiflung ist. Die hingegen, die dagegen sagen, sie seien verzweifelt, sind normalerweise entweder diejenigen, welche eine so viel tiefere Natur haben, daß sie sich als Geist bewußt werden müssen, oder diejenigen, denen schwere Schicksale und entsetzliche Entscheidungen dazu geholfen haben, sich als Geist bewußt zu werden — es sind entweder diese oder jene; denn sehr selten ist wahrlich der, der in Wahrheit nicht verzweifelt ist.

Oh, es wird so viel von menschlicher Not und Bedrängnis gesprochen — ich suche das zu verstehen, habe auch verschiedenes davon aus der Nähe kennengelernt; es wird so viel davon gesprochen, ein Leben zu vertun: aber nur das Leben desjenigen Menschen war vertan, der so dahinlebte, betrogen von den Freuden des Lebens oder von dessen Kümmernissen, daß er niemals ewig entscheidend sich als Geist, als Selbst bewußt wurde oder, was dasselbe ist, niemals darauf aufmerksam wurde und niemals im tiefsten Sinne den Eindruck bekam, daß es einen Gott gibt, und daß ‹er›, er selbst, sein Selbst für diesen Gott da ist, — ein Gewinn der Unendlichkeit, der niemals erreicht wird ohne Verzweiflung. Ach, und dieses Elend, daß so viele so dahinleben, betrogen um den seligsten aller Gedanken, dieses Elend, daß man betriebsam ist oder, was die Menge der Menschen betrifft, sie mit allem anderen beschäftigt, sie dazu gebraucht, ihre Kräfte im Schauspiel des Lebens auszugeben, aber sie niemals erinnert an diese Seligkeit, daß man sie zusammenpfercht — und sie betrügt, statt sie aufzusplittern, damit jeder Einzelne das Höchste, das Einzige gewinnen kann, das wert ist, dafür zu leben, und genug für eine Ewigkeit, darin zu leben: mir scheint, ich könnte eine Ewigkeit darüber weinen, daß es dieses Elend gibt! Oh, und ein

Ausdruck des Schreckens mehr für diese allerentsetzlichste Krankheit und Elendigkeit ist in meinem Denken dies: ihre Verborgenheit, nicht bloß, daß der an ihr Leidende wünschen kann, sie zu verbergen, und dies fertigbekommt, daß sie in einem Menschen so wohnen kann, daß niemand, niemand sie entdeckt, nein, daß sie so in einem Menschen verborgen sein kann, daß er selber es nicht weiß! Oh, und wenn dann einmal das Stundenglas ausgelaufen ist, das Stundenglas der Zeitlichkeit; wenn der Lärm der Weltlichkeit verstummt ist und die rastlose oder unwirksame Geschäftigkeit ein Ende genommen hat; wenn alles stille um dich ist, wie es in der Ewigkeit ist — magst du Mann oder Frau, reich oder arm, abhängig oder unabhängig, glücklich oder unglücklich gewesen sein; magst du den Glanz der Krone in Hoheit getragen haben oder in geringer Unbemerktheit nur des Tages Mühe und Hitze; ob deines Namens gedacht werden soll, solange die Welt steht, und auch gedacht worden ist, solange sie stand, oder ob du ohne Namen als Namenloser mitliefst in der zahllosen Menge; mochte die Herrlichkeit, die dich umgab, alle menschliche Beschreibung überstiegen haben oder das strengste und entehrendste menschliche Urteil über dich ergangen sein: die Ewigkeit fragt dich und jeden Einzelnen unter diesen Millionen von Millionen nur nach dem einen, ob du verzweifelt gelebt hast oder nicht, ob du so verzweifelt warst, daß du nichts wußtest von deiner Verzweiflung, oder so, daß du diese Krankheit verborgen in deinem Innersten getragen hast wie dein nagendes Geheimnis, wie die Frucht einer sündigen Liebe unter deinem Herzen, oder so, daß du, ein Schrecken für andere, in Verzweiflung rastest. Und wenn so, wenn du verzweifelt gelebt hast, was du auch im übrigen gewannest oder verlorst, dann ist alles für dich verloren, die Ewigkeit erkennt dich nicht an, sie kannte dich niemals, oder noch entsetzlicher, sie erkennt dich, wie du erkannt bist, sie setzt dich fest durch dein Selbst in der Verzweiflung!

C. DIE GESTALTEN DIESER KRANKHEIT (VERZWEIFLUNG)

Die Gestalten der Verzweiflung müssen sich abstrakt herausfinden lassen, indem man über die Momente reflektiert, aus denen das Selbst als Synthese besteht. Das Selbst ist gebildet aus Unendlichkeit und Endlichkeit. Aber diese Synthese ist ein Verhältnis und ein

Verhältnis, das, wenn auch abgeleitet, sich zu sich selbst verhält, welches Freiheit ist. Das Selbst ist Freiheit. Freiheit aber ist das Dialektische in den Bestimmungen Möglichkeit und Notwendigkeit.

Hauptsächlich muß jedoch die Verzweiflung betrachtet werden unter der Bestimmung: Bewußtsein; ob die Verzweiflung bewußt ist oder nicht, macht den qualitativen Unterschied aus zwischen Verzweiflung und Verzweiflung. Alle Verzweiflung ist freilich, begrifflich gesehen, bewußt; aber daraus folgt nicht, daß derjenige, in dem sie ist, der begriffsmäßig verzweifelt genannt werden muß, sich dessen bewußt ist. So ist das Bewußtsein das Entscheidende. Überhaupt ist Bewußtsein, d. h. Selbstbewußtsein, das Entscheidende in bezug auf das Selbst. Je mehr Bewußtsein, desto mehr Selbst; je mehr Bewußtsein, desto mehr Wille, je mehr Wille, desto mehr Selbst. Ein Mensch, der überhaupt keinen Willen hat, ist kein Selbst; aber je mehr Willen er hat, desto mehr Selbstbewußtsein hat er auch.

A. Die Verzweiflung so betrachtet, daß nicht darauf reflektiert wird, ob sie bewußt ist oder nicht, so daß also bloß auf die Momente der Synthese reflektiert wird

a) Verzweiflung gesehen unter der Bestimmung Endlichkeit — Unendlichkeit

Das Selbst ist die bewußte Synthese von Endlichkeit und Unendlichkeit, die sich zu sich selbst verhält, deren Aufgabe es ist, sie selbst zu werden, welches sich nur verwirklichen läßt durch das Verhältnis zu Gott. Aber man selbst werden heißt konkret werden. Aber konkret werden ist weder endlich werden noch unendlich werden, denn das, was konkret werden soll, ist ja eine Synthese. Die Entwicklung muß also darin bestehen, unendlich von sich selbst fortzukommen in einer Unendlichmachung des Selbst und unendlich zurückzukommen zu sich selbst in einer Endlichmachung. Wird dagegen das Selbst nicht es selbst, dann ist es verzweifelt, ob es dies nun weiß oder nicht. Doch ist ein Selbst in jedem Augenblick, in dem es da ist, im Werden, denn das Selbst κατά δύναμιν ist nicht wirklich da, es ist bloß das, was werden soll. Insofern also das Selbst nicht es selbst wird, ist es nicht es selbst; aber daß es nicht es selbst ist, ist eben Verzweiflung.

Daß dies so ist, liegt in dem Dialektischen, daß das Selbst eine Synthese ist, weshalb das eine beständig sein Entgegengesetztes ist. Keine Form der Verzweiflung kann man geradeheraus bestimmen (das ist undialektisch), sondern nur indem man an ihren Gegensatz denkt. Man kann den Zustand des Verzweifelten in der Verzweiflung geradeheraus beschreiben, wie es ja auch ein Dichter tut, indem er ihm das Stichwort zur Replik gibt. Aber die Verzweiflung bestimmen kann man nur durch ihren Gegensatz; und soll die dramatische Rede dichterisch wertvoll sein, muß sie im Kolorit des Ausdrucks einen Widerschein des dialektischen Gegensatzes enthalten. Also: Jede menschliche Existenz, die angeblich unendlich ist oder es nur sein will, selbst jeder Augenblick, in dem eine menschliche Existenz unendlich ist oder es nur sein will, ist Verzweiflung. Denn das Selbst ist die Synthese, in der das Endliche das Begrenzende ist, das Unendliche das Ausweitende. Die Verzweiflung der Unendlichkeit ist deshalb das Phantastische, das Grenzenlose; denn nur dann ist das Selbst gesund und frei von Verzweiflung, wenn es, gerade indem es verzweifelt ist, sich selbst durchsichtig gründet in Gott.

Das Phantastische steht gewiß im nächsten Verhältnis zur Phantasie; aber die Phantasie verhält sich wieder zu Gefühl, Erkennen, Wollen, so daß ein Mensch phantastisches Fühlen, Erkennen, Wollen haben kann. Die Phantasie ist überhaupt das Medium des Unendlichmachenden; sie ist keine Fähigkeit wie die anderen Fähigkeiten — wenn man so sprechen will, ist sie die Fähigkeit *instar omnium*. Was für ein Gefühl, Erkennen, Wollen ein Mensch hat, beruht doch zu guter Letzt darauf, was für eine Phantasie er hat, das will heißen, es beruht darauf, wie sie sich reflektieren, nämlich auf der Phantasie. Die Phantasie ist die unendlich machende Reflexion, weshalb der alte Fichte ganz richtig annahm, selbst in bezug auf die Erkenntnis, daß die Phantasie der Ursprung der Kategorien sei. Das Selbst ist Reflexion, und die Phantasie ist Reflexion, ist die Wiedergabe des Selbst, welches die Möglichkeit des Selbst ist. Die Phantasie ist die Möglichkeit aller Reflexion; und die Intensität dieses Mediums ist die Möglichkeit der Intensität des Selbst.

Das Phantastische ist überhaupt dasjenige, was einen Menschen dergestalt in das Unendliche führt, daß es ihn bloß von sich selbst wegführt und ihn dadurch davon abhält, zu sich selbst zurückzukommen.

Wenn so das Gefühl phantastisch wird, dann wird das Selbst nur immer mehr verflüchtigt, es wird zum Schluß eine Art abstrakter Fühlsamkeit, die unmenschlich keinem Menschen angehört, sondern unmenschlich sozusagen fühlsam teilhat an dem Schicksal des einen oder anderen Abstraktums, z. B. der Menschheit *in abstracto*. Wie der Gichtkranke nicht Herr seines Gefühlssinnes ist, sondern dieser in der Gewalt von Wind und Wetter ist, so daß er es unwillkürlich an sich merkt, wenn eine Veränderung in der Luft liegt usw., ebenso verhält es sich mit dem, dessen Gefühl phantastisch geworden ist, er wird auf eine Weise unendlich gemacht, aber nicht so, daß er immer mehr er selbst wird, er verliert immer mehr sich selbst.

Ebenso mit der Erkenntnis, wenn sie phantastisch wird. Das Gesetz für die Entwicklung des Selbst in Hinsicht auf Erkenntnis, insofern es wahr sein soll, daß das Selbst es selbst wird, ist, daß der steigende Grad der Erkenntnis dem Grade der Selbsterkenntnis entspricht, daß das Selbst, je mehr es erkennt, desto mehr sich selbst erkennt. Geschieht dies nicht, dann wird die Erkenntnis, je mehr sie steigt, desto mehr eine Art unmenschlichen Erkennens, zu dessen Zustandebringung das Selbst des Menschen vergeudet wird, ungefähr so, wie Menschen vergeudet werden zum Pyramidenbau oder wie jene russische Hornmusik Menschen vergeudete, indem sie nur einen Takt spielen durften, weder mehr noch weniger.

Wenn der Wille phantastisch wird, verflüchtigt sich ebenfalls das Selbst mehr und mehr. Der Wille wird da nicht immer im selben Grad konkret wie abstrakt, so daß er, je mehr er unendlich gemacht wird in Vorsatz und Beschluß, desto mehr er selbst wird und desto mehr sich selbst ganz gegenwärtig wird und zugleich in dem kleinen Teil der Aufgabe, der sich jetzt gleich ausführen läßt, gegenwärtig ist, so daß er, je mehr er unendlich gemacht wird, in strengstem Sinne zurück zu sich selbst kommt, so daß der, der *am weitesten von sich weg* ist (wenn er am stärksten unendlich gemacht ist in Vorsatz und Beschluß), sich im selben Augenblick *am allernächsten* ist, indem er den unendlich kleinen Teil der Arbeit ausführt, welcher sich noch heute ausführen läßt, noch in dieser Stunde, noch in diesem Augenblick.

Und wenn so das Gefühl, Erkennen oder Wollen phantastisch geworden ist, dann kann zum Schluß das ganze Selbst dies werden, mag es nun in einer mehr aktiven Form geschehen, daß der Mensch sich in das Phantastische stürzt, oder in einer mehr leidenden Form, daß er hingerissen wird, er ist doch in beiden Fällen verantwortlich. Das Selbst führt so eine phantastische Existenz in abstrakter Unendlichmachung oder in abstrakter Isolierung, beständig sein Selbst entbehrend, von dem es nur weiter und weiter wegkommt. So z. B. auf dem religiösen Gebiet. Das Gottesverhältnis ist eine Unendlichmachung; aber diese Unendlichmachung kann einen Menschen so hinreißen, daß es bloß eine Berauschung wird. Es kann einem Menschen so zumute sein, als wäre es nicht auszuhalten, vor Gott dazusein, weil nämlich der Mensch nicht zu sich selbst zurückkommen und er selbst werden kann. Ein so phantastisch Religiöser würde sagen (um es mit Hilfe eines Ausspruches zu charakterisieren): «Daß ein Sperling leben kann, ist begreiflich, er weiß nichts davon, daß er da ist vor Gott. Aber zu wissen, daß man selbst vor Gott da ist, und dann nicht im selben Augenblick wahnsinnig oder zu Nichts zu werden!»

Aber weil ein Mensch so phantastisch und deshalb verzweifelt wurde, kann er doch, obgleich dies oft ans Tageslicht kommt, recht gut dahinleben, scheinbar ein Mensch sein, beschäftigt mit dem Zeitlichen, sich verheiraten, Kinder zeugen, geehrt und angesehen sein — und man merkt es vielleicht nicht, daß ihm in tieferem Sinne ein Selbst fehlt. Darüber wird in der Welt kein großes Aufheben gemacht; denn ein Selbst ist das, wonach in der Welt am wenigsten gefragt wird, und ist das, was das Allergefährlichste ist, wenn man sich merken läßt, daß man es hat. Die größte Gefahr, die, sich zu verlieren, kann in der Welt so ruhig vor sich gehen, als wäre es nichts. Kein Verlust kann so stille hingehen; jeder andere Verlust, ein Arm, ein Bein, fünf Reichsbanktaler, eine Hausfrau usw., ist doch zu merken.

β) Die Verzweiflung der Endlichkeit ist das Fehlen der Unendlichkeit

Daß dies so ist, liegt, wie unter α gezeigt wurde, an dem Dialektischen, daß das Selbst eine Synthese ist, weshalb das eine zugleich sein Gegensatz ist.

Das Fehlen der Unendlichkeit ist verzweifelte Begrenztheit, Borniertheit. Hier ist jedoch natürlich nur ethisch die Rede von Borniertheit und Beschränktheit. In der Welt spricht man eigentlich nur von intellektueller oder ästhetischer Beschränktheit oder von dem Gleichgültigen, über das am meisten in der Welt gesprochen wird; denn Weltlichkeit ist ja gerade, daß man dem Gleichgültigen unendlichen Wert zulegt. Die weltliche Betrachtung klammert sich immer an die Differenz zwischen Mensch und Mensch, sie hat, wie natürlich (denn diese zu haben ist Geistigkeit), keinen Sinn für das eine, das not tut, und deshalb keinen Sinn für das Beschränkte und Bornierte, d. i., sich selbst verloren haben, nicht indem man in das Unendliche verflüchtigt wird, sondern indem man ganz und gar endlich gemacht wird, indem man, statt ein Selbst zu sein, eine Zahl geworden ist, *ein* Mensch mehr, *eine* Wiederholung mehr des ewigen Einerlei.

Die verzweifelte Borniertheit ist der Mangel an Primitivität [Ursprünglichkeit] oder daß man sich seiner Primitivität beraubt hat, daß man, geistig verstanden, sich selbst entmannt hat. Jeder Mensch ist nämlich ursprünglich veranlagt zu einem Selbst, bestimmt, er selbst zu werden; und freilich ist jedes Selbst etwas so Eckiges und Kantiges, doch daraus folgt nur, daß es zugeschliffen, nicht daß es abgeschliffen werden soll, nicht daß es aus Menschenfurcht es ganz und gar aufgeben soll, es selbst zu sein, oder gar bloß aus Menschenfurcht nicht wagt, es selbst zu sein in seiner wesentlichen Zufälligkeit, welche gerade nicht abgeschliffen werden soll, in welcher man doch man selbst für sich selbst ist. Aber während eine Art von Verzweiflung wild in das Unendliche hineinsteuert und sich selbst verliert, läßt eine andere Art von Verzweiflung sich ihr Selbst gleichsam wegnarren von ‹den anderen›. Indem er eine Menge Menschen um sich sieht und viel beschäftigt ist mit allerhand weltlichen Angelegenheiten, indem er klug daran wird, wie es in der Welt zugeht, vergißt ein solcher Mensch sich selbst, wie er, göttlich verstanden, heißt, wagt nicht, an sich selbst zu glauben, findet es zu gewagt, er selbst zu sein, und viel leichter und sicherer, zu sein wie die anderen, eine Nachäffung zu werden, eine Zahl in der Masse zu sein.

Auf diese Form der Verzweiflung wird man nun so gut wie überhaupt nicht aufmerksam in der Welt. Ein solcher Mensch hat gerade, indem er sich so verlor, eine Vervollkommnungsfähigkeit erlangt, recht mitzugehen in Handel und Wandel, ja, sein Glück zu machen in der Welt. Hier ist keine Dummköpfigkeit, keine Schwierigkeit mit seinem Selbst und dessen Unendlichmachung, er ist abgeschliffen wie ein Kieselstein, gebräuchlich wie eine gangbare Münze. Keine Rede davon, daß ihn jemand für verzweifelt ansieht, er ist gerade ein Mensch, wie er sein soll. Überhaupt hat die Welt, wie natürlich, keinen Sinn für das wahrhaft Entsetzliche. Die Verzweiflung, die einem nicht nur keine Ungelegenheit im Leben bereitet, sondern einem auch das Leben bequem und behaglich macht, die wird natürlich auf keine Weise als Verzweiflung angesehen. Daß dies die Anschauung der Welt ist, sieht man unter anderem auch an fast allen Sprichwörtern, welche bloße Klugheitsregeln sind. So sagt man z. B., man bereue es zehnmal, gesprochen zu haben, für einmal, geschwiegen zu haben. Und warum? Weil dies, gesprochen zu haben, ein äußeres Faktum ist, das einen in Unbehaglichkeiten verwickeln kann, da es eine Wirklichkeit ist. Aber geschwiegen zu haben! Und doch ist dies das Allergefährlichste. Denn durch das Schweigen ist der Mensch allein sich selbst überlassen; hier kommt die Wirklichkeit ihm nicht zu Hilfe, indem sie ihn bestraft, indem sie die Folgen seiner Rede über ihn bringt. Nein, in der Hinsicht ist es leicht gemacht mit dem Schweigen. Aber deshalb fürchtet der, der weiß, was das Entsetzliche ist, gerade am allermeisten jeden Mißgriff, jede Sünde, die die Richtung nach innen nimmt und keine Spur in dem Äußeren hinterläßt. So ist es in den Augen der Welt gefährlich zu wagen, und warum? Weil man dann verlieren kann. Aber dies, nicht zu wagen, das ist klug. Und doch, indem man nicht wagt, kann man gerade so entsetzlich leicht verlieren, was man doch durch das Wagen, wieviel man auch verloren hätte, schwerlich verlöre, und jedenfalls niemals auf die Art, so leicht, ganz so, als wäre es nichts — sich selbst. Denn habe ich verkehrt gewagt, nun wohl, dann hilft das Leben mir mit der Strafe. Aber habe ich überhaupt nicht gewagt, wer hilft mir dann? Und wenn ich obendrein noch, indem ich überhaupt nicht im höchsten Sinne wage (und im höchsten Sinne wagen ist eben auf sich selbst aufmerksam werden), feige alle irdischen Vorteile gewinne — mich selbst aber verliere!

Und so ist es eben auch mit der Verzweiflung der Endlichkeit. Weil ein Mensch so verzweifelt ist, deshalb kann er sehr gut und eigentlich noch besser in der Zeitlichkeit dahinleben, ein Mensch sein, von dem man etwas hält, gepriesen sein von anderen, geehrt und angesehen, beschäftigt mit allen Angelegenheiten der Zeitlichkeit. Ja, gerade das, was man Weltlichkeit nennt, besteht aus lauter solchen Menschen, die sich sozusagen der Welt verschreiben. Sie gebrauchen ihre Fähigkeiten, sammeln Geld, treiben weltliche Geschäfte, berechnen klug usw. usw., werden vielleicht in der Weltgeschichte genannt, aber sie sind nicht sie selbst, sie haben, geistig verstanden, kein Selbst, kein Selbst, um dessentwillen sie alles wagen könnten, kein Selbst vor Gott — wie selbstisch sie auch im übrigen sind.

b) Verzweiflung gesehen unter der Bestimmung
Möglichkeit — Notwendigkeit

Um zu werden (und das Selbst soll ja frei es selbst werden), sind Möglichkeit und Notwendigkeit gleich wesentlich. So wie zum Selbst Unendlichkeit und Endlichkeit gehört (ἄπειρον — πέρας), so auch Möglichkeit und Notwendigkeit. Ein Selbst, das keine Möglichkeit hat, ist Verzweiflung, und ebenso ein Selbst, das keine Notwendigkeit hat.

α) Die Verzweiflung der Möglichkeit ist das Fehlen der Notwendigkeit

Daß dies so ist, liegt, wie nachgewiesen wurde, im Dialektischen.

Ebenso wie die Endlichkeit das Begrenzende ist im Verhältnis zur Unendlichkeit, so ist Notwendigkeit im Verhältnis zur Möglichkeit das, was Widerstand bietet. Indem das Selbst als Synthese von Endlichkeit und Unendlichkeit gesetzt ist, κατὰ δύναμιν ist, um nun zu werden, reflektiert es sich in das Medium der Phantasie hinein, und dadurch zeigt sich die unendliche Möglichkeit. Das Selbst ist κατὰ δύναμιν ebensosehr möglich wie notwendig; denn es ist ja man selbst, aber man soll ja man selbst werden. Insofern es es selbst ist, ist es notwendig, und insofern es es selbst werden soll, ist es eine Möglichkeit. Überrennt nun die Möglichkeit die Notwendigkeit, so daß das Selbst in der Möglichkeit von sich wegläuft, so daß es kein Notwendiges hat, wohin es zurück soll, dann ist dies die Verzweiflung der Möglichkeit. Dieses Selbst wird eine abstrakte Möglichkeit, es strampelt sich müde in der Möglichkeit, aber es kommt nicht von der Stelle und auch nicht an eine Stelle, denn das Notwendige ist gerade die Stelle; man selbst werden ist ja eine Bewegung auf der Stelle. Zu werden ist eine Bewegung von der Stelle, aber man selbst werden auf der Stelle.

Die Möglichkeit scheint so dem Selbst größer und größer, mehr und mehr wird möglich, weil nichts wirklich wird. Zum Schluß ist es, als wäre alles möglich; aber eben dies ist der Fall, wenn der Abgrund das Selbst geschluckt hat. Jede kleine Möglichkeit würde, um Wirklichkeit zu werden, bereits einige Zeit brauchen. Aber zum Schluß wird die Zeit, die für die Wirklichkeit gebraucht werden sollte, immer kürzer, alles wird immer augenblicklicher und augenblicklicher. Die Möglichkeit wird intensiver und intensiver, aber im Sinne der Möglichkeit, nicht im Sinne der Wirklichkeit; denn im Sinne der Wirklichkeit ist das das Intensive, daß doch etwas von dem, was möglich ist, wirklich wird. Im Augenblick erweist sich etwas als möglich, und dann zeigt sich eine neue Möglichkeit, zum Schluß folgen diese Phantasmagorien so schnell aufeinander, daß es ist, als wäre alles möglich, und es ist gerade der letzte Augenblick, wo das Individuum mit Haut und Haaren selbst eine Fata Morgana geworden ist.

Das, was dem Selbst jetzt fehlt, ist freilich Wirklichkeit; so wird man auch im allgemeinen sagen, wie man zu sagen pflegt, daß ein Mensch unwirklich geworden sei. Aber bei näherem Zusehen ist es eigentlich die Notwendigkeit, was ihm fehlt. Es ist nämlich nicht so, wie die Philosophen erklären, daß die Notwendigkeit die Einheit von Möglichkeit und Wirklichkeit sei, nein, die Wirklichkeit ist die Einheit von Möglichkeit und Notwendigkeit. Es ist auch nicht bloß ein Mangel an Kraft, wenn ein Selbst sich in der Möglichkeit verirrt, zum mindesten ist es nicht so zu verstehen, wie man es gewöhnlich versteht. Woran es mangelt, ist eigentlich die Kraft zu gehorchen, sich unter das Notwendige in einem selbst zu beugen, unter das, was man die Grenze eines Menschen nennen muß. Das Unglück ist deshalb auch nicht, daß ein solches Selbst in der Welt nichts wurde, nein, das Unglück ist, daß es nicht auf sich aufmerksam wurde, daß dies Selbst, das er ist, etwas ganz Bestimmtes und so das Notwendige ist. Er verlor im Gegenteil sich selbst dadurch, daß dieses Selbst sich phantastisch in der Möglichkeit spiegelte. Schon um sich *selbst* in einem Spiegel zu sehen, ist es notwendig, sich selbst zu erkennen, denn tut man das nicht, so sieht man nicht sich *selbst*, sondern bloß einen Menschen. Aber der Spiegel der Möglichkeit ist kein gewöhnlicher Spiegel, er muß mit der äußersten Vorsicht gebraucht werden. Denn von diesem Spiegel gilt es im höchsten Sinne, daß er unwahr ist. Daß ein Selbst so und so in seiner Möglichkeit aussieht, ist nur die halbe Wahrheit, denn in der Möglichkeit seiner selbst ist das Selbst noch weit entfernt von sich oder nur halb es selbst. So kommt alles darauf an, wie die Notwendigkeit dieses Selbst es näher bestimmt. Es ist mit der Möglichkeit, wie wenn man ein Kind zu der einen oder anderen Freude einlädt; das Kind will sofort, aber nun geht es darum, ob die Eltern es erlauben — und wie es mit den Eltern ist, so ist es mit der Notwendigkeit.

Doch in der Möglichkeit ist alles möglich. Man kann deshalb in der Möglichkeit auf jede mögliche Weise in die Irre gehen, aber wesentlich auf zwei Arten. Die eine Form ist die wünschende, sich sehnende und die andere die schwermütig-phantastische (Hoffnung — Furcht oder Angst). Wie so oft in Märchen und Volkssage von einem Ritter erzählt wird, dessen Blick plötzlich auf einen seltenen Vogel fällt, hinter welchem er andauernd herläuft, wobei es im Anfang aussieht, als wäre er ihm ganz nahe — aber dann fliegt der wieder weg, bis es auf diese Weise Nacht geworden und der Ritter von den Seinen ganz entfernt ist, ohne daß er den Weg in der Wüste, in der er sich jetzt befindet, sehen kann: so ist es mit der Möglichkeit des Wunsches. Anstatt die Möglichkeit in die Notwendigkeit zurückzunehmen, läuft er der Möglichkeit nach — und zuletzt kann er nicht zu sich selbst zurückfinden. — In der Schwermut geschieht das Entgegengesetzte auf dieselbe Weise. Das Individuum verfolgt schwermütig liebend eine Möglichkeit der Angst, die es zuletzt von sich selbst fortführt, so daß es in der Angst umkommt oder in dem umkommt, worin umzukommen es sich fürchtete.

β) *Die Verzweiflung der Notwendigkeit ist das Fehlen der Möglichkeit*

Wenn man das In-der-Möglichkeit-Herumirren vergleichen wollte mit dem Vokallallen eines Kindes, dann ist das Fehlen der Möglichkeit wie ein Stummsein. Das Notwendige ist wie lauter Konsonanten, aber es gehört Möglichkeit dazu, sie auszusprechen. Wenn diese fehlt, wenn eine menschliche Existenz dahin gebracht ist, daß ihr die Möglichkeit fehlt, so ist sie verzweifelt und ist dies in jedem Augenblick, wo ihr Möglichkeit fehlt.

Gewöhnlich glaubt man nun, es gebe ein gewisses Alter, das besonders reich an Hoffnung ist, oder man redet davon, daß man zu einer gewissen Zeit in einem bestimmten Augenblick seines Lebens so reich an Hoffnung und Möglichkeit ist oder war. Alles dies ist bloß menschliche Rede, die nicht zum Wahren kommt; all dieses Hoffen und all diese Verzweiflung ist noch nicht das wahre Hoffen oder das wahre Verzweifeln.

Das Entscheidende ist: Für Gott ist alles möglich. Dies ist ewig wahr und also wahr in jedem Augenblick. Man sagt so wohl im Alltagsgebrauch, und zum täglichen Gebrauch sagt man es so dahin, aber die Entscheidung ist erst da, wenn der Mensch zum Äußersten gebracht ist, so daß es, menschlich gesprochen, keine Möglichkeit mehr gibt. Da gilt es, ob er glauben will, daß für Gott alles möglich ist, das heißt: ob er *glauben* will. Aber dies ist ganz die Formel, den Verstand zu verlieren; und glauben heißt eben den Verstand verlieren, um Gott zu gewinnen. Laß dies so geschehen. Denke dir einen Menschen, der mit dem ganzen Grauen einer erschreckten Einbildungskraft sich den einen oder anderen Schrecken als unbedingt nicht auszuhalten vorgestellt hat. Nun passiert es ihm, daß gerade dieser Schrecken ihm zustößt. Menschlich gesprochen ist sein Untergang das Gewisseste von allem — und verzweifelt kämpft die Verzweiflung seiner Seele um die Erlaubnis zu verzweifeln, um, wenn man so will, Ruhe zu bekommen zum Verzweifeln, um die Zustimmung der ganzen Persönlichkeit zum Verzweifeln, so daß er nichts und niemand mehr verfluchen würde als den, der versuchte, ihn am Verzweifeln zu hindern, und auch den Verhinderungsversuch verwünschte, so wie der Dichter es vorzüglich, unvergleichlich ausdrückt (Richard II.: Verwünscht sei, Vetter, der mich abgelenkt / Von dem bequemen Wege zur Verzweiflung. 3. Akt. 3. Szene). Also ist Rettung, menschlich gesprochen, das Unmöglichste von allem; aber für Gott ist alles möglich! Dies ist der Kampf des *Glaubens*, der, wenn man so will, wahnsinnig für die Möglichkeit kämpft. Denn die Möglichkeit ist das einzig Erlösende. Wenn einer ohnmächtig wird, dann ruft man nach Wasser, Eau de Cologne, Hoffmannstropfen; aber wenn einer verzweifeln will, dann heißt es: Schaff Möglichkeit, schaff Möglichkeit, Möglichkeit ist das einzig Erlösende; eine Möglichkeit, dann atmet der Verzweifelte wieder, er lebt auf; denn ohne Möglichkeit kann ein Mensch gleichsam keine Luft kriegen. Zuweilen kann dann die Erfindungskraft einer menschlichen Phantasie ausreichen, Möglichkeit zu schaffen, aber zum Schluß, d. h. wenn es gilt zu *glauben*, hilft nur dies, daß bei Gott alles möglich ist.

So wird da gekämpft. Ob der so Kämpfende untergehen muß, hängt einzig davon ab, ob er die Möglichkeit beischaffen kann, d. h. ob er glauben wird. Und doch versteht er, daß, menschlich gesprochen, sein Untergang das Gewisseste von allem ist. Das ist das Dialektische im Glauben. Gewöhnlich weiß ein Mensch nichts anderes, als daß dies und dies hoffentlich, vermutlich usw. nicht passieren wird. Passiert es ihm dann, so geht er unter. Der Tollkühne stürzt sich in eine Gefahr, deren Möglichkeit auch die und die sein kann; und passiert sie ihm dann, dann verzweifelt er und geht unter. Der *Glaubende* sieht und versteht, menschlich gesprochen, seinen Untergang (in dem, was ihm zugestoßen ist oder was er gewagt hat), aber er glaubt. Deshalb geht er nicht unter. Er überläßt es ganz Gott, wie ihm geholfen werden soll, aber er glaubt, daß bei Gott alles möglich ist. Seinen Untergang zu *glauben* ist unmöglich. Zu verstehen, daß dies menschlich sein Untergang ist, und dann doch an die Möglichkeit zu glauben, das ist glauben. Dann hilft Gott ihm auch, vielleicht indem er ihn dem Schrecken entgehen läßt, vielleicht durch den Schrecken selbst, daß hier unerwartet, mirakulös, göttlich sich Hilfe zeigt. Mirakulös; denn es ist eine besondere Zimperlichkeit, daß dies nur vor 1800 Jahren geschehen sein sollte, daß einem Menschen auf wunderbare Weise geholfen wurde. Ob einem Menschen wunderbar geholfen wurde, beruht wesentlich darauf, mit welcher Verstandesleidenschaft er verstanden hat, daß Hilfe unmöglich war, und danach darauf, wie redlich er gegen die Macht ist, die ihm doch half. Aber normalerweise tun die Menschen weder das eine noch das andere; sie schreien, Hilfe sei unmöglich, ohne ein einziges Mal ihren Verstand angestrengt zu haben, um Hilfe zu finden, und hinterher lügen sie undankbar.

Der Glaubende besitzt das ewig sichere Gegengift gegen Verzweiflung: Möglichkeit; denn bei Gott ist alles möglich in jedem Augenblick. Das ist die Gesundheit des Glaubens, die Widersprüche löst. Der Widerspruch ist hier, daß, menschlich gesprochen, der Untergang gewiß ist und daß es dann doch Möglichkeit gibt. Gesundheit ist überhaupt, Widersprüche lösen zu können. So körperlich oder physisch: Zugluft ist ein Widerspruch, denn Zugluft ist Kälte und Wärme getrennt oder undialektisch; aber ein gesunder Körper löst diesen Widerspruch und spürt keine Zugluft. So auch mit dem Glauben.

Das Fehlen der Möglichkeit bedeutet entweder, daß einem alles notwendig geworden ist oder daß alles Trivialität geworden ist.

Der Determinist, der Fatalist [s. Glossar] ist verzweifelt, und er hat als Verzweifelter sein Selbst verloren, weil alles für ihn Notwendigkeit ist. Es geht ihm wie jenem König, der Hungers starb, weil alle Nahrung sich in Gold verwandelte. Die Persönlichkeit ist eine Synthese von Möglichkeit und Notwendigkeit [s. Glossar]. Es geht deshalb mit ihrem Bestehen wie mit der Atmung (Respiration), die Ein- und Ausatmen ist. Das Selbst des Deterministen kann nicht atmen, denn es ist unmöglich, einzig und allein das Notwendige zu atmen, welches bloß und alleine das Selbst des Menschen erstickt. Der Fatalist ist verzweifelt, hat Gott verloren und damit sein Selbst; denn wer keinen Gott hat, der hat auch kein Selbst. Der Fatalist hat aber keinen Gott, oder, was dasselbe ist, sein Gott ist Notwendigkeit; wie nämlich für Gott alles möglich ist, so ist Gott dies, daß alles möglich ist. Die Gottesverehrung des Fatalisten ist deshalb als Maximum eine Interjektion, und wesentlich ist sie Stummsein, stumme Unterwerfung, er kann nicht beten. Beten ist auch atmen, und die Möglichkeit ist für das Selbst, was der Sauerstoff für das Atemholen ist. Aber sowenig wie ein Mensch bloßen Sauerstoff oder bloßen Stickstoff atmen kann, sowenig kann Möglichkeit allein oder Notwendigkeit allein den Atemzug des Gebets bedingen. Soll man beten, so muß es einen Gott geben, ein Selbst — und Möglichkeit, oder ein Selbst und Möglichkeit im prägnanten Sinne, denn Gott ist dies, daß alles möglich ist, oder daß alles möglich ist, ist Gott; und nur der, dessen Wesen so erschüttert wurde, daß er Geist wurde im Verstehen, daß alles möglich ist, nur er hat sich mit Gott eingelassen. Dies, daß Gottes Wille das Mögliche ist, macht, daß ich beten kann; ist er bloß das Notwendige, so ist der Mensch wesentlich ebenso ohne Sprache wie das Tier.

Mit der Spießbürgerlichkeit, Trivialität, der auch wesentlich die Möglichkeit fehlt, verhält es sich etwas anders. Spießbürgerlichkeit ist Geistlosigkeit, Determinismus und Fatalismus sind Geistesverzweiflung; aber Geistlosigkeit ist auch Verzweiflung. Der Spießbürgerlichkeit fehlt jede Bestimmung des Geistes, und sie geht im Wahrscheinlichen auf, innerhalb dessen das Mögliche sein bißchen Platz findet; es fehlt ihr so die Möglichkeit, auf Gott aufmerksam zu werden. Ohne Phantasie, die dem Spießbürger immer fehlt, lebt sie in einem gewissen trivialen Inbegriff von Erfahrungen darüber, wie es zugeht, was möglich ist, was zu geschehen pflegt, der Spießbürger mag im übrigen Bierzapfer oder Staatsminister sein. So hat der Spießbürger sich selbst und Gott verloren. Um nämlich auf sein Selbst und auf Gott aufmerksam zu werden, muß die Phantasie einen Menschen höher schwingen als bis zum Dunstkreis des Wahrscheinlichen, sie muß ihn da herausreißen und, indem sie möglich macht, was das *quantum satis* jeder Erfahrung überschreitet, ihn lehren, zu hoffen und zu fürchten oder zu fürchten und zu hoffen. Aber Phantasie hat der Spießbürger nicht, er will sie nicht haben, verabscheut sie. Hier gibt es also keine Hilfe. Und dann hilft zuweilen das Dasein mit Schrecken, welche die Papageienweisheit der trivialen Erfahrung überschreiten, dann verzweifelt die Spießbürgerlichkeit, das heißt, dann wird es offenbar, daß sie Verzweiflung war; ihr fehlt so die Möglichkeit des Glaubens, um durch Gott ein Selbst aus dem gewissen Untergang herausretten zu können.

Fatalismus und Determinismus haben doch Phantasie genug, um an der Möglichkeit zu verzweifeln, Möglichkeit genug, um die Unmöglichkeit aufzudecken; die Spießbürgerlichkeit beruhigt sich beim Trivialen, in gleicher Weise verzweifelt, es mag gut oder verkehrt gehen. Fatalismus und Determinismus ermangeln der Möglichkeit, die Notwendigkeit zu entspannen, zu mildern und zu temperieren, also der Möglichkeit als Milderung; die Spießbürgerlichkeit ermangelt der Möglichkeit als Erweckung von der Geistlosigkeit. Denn die Spießbürgerlichkeit glaubt über die Möglichkeit zu verfügen, glaubt diese ungeheure Elastizität in die Falle oder das Narrenhaus des Wahrscheinlichen hineingenarrt zu haben, meint sie gefangenzuhalten; sie führt die Möglichkeit gefangen im Käfig der Wahrscheinlichkeit umher, zeigt sie vor, bildet sich selbst ein, der Herr zu sein, und merkt nicht, daß sie gerade hierdurch sich selbst gefangen hat, der Sklave der Geistlosigkeit und das Erbärmlichste von allem geworden ist. Denn mit der Kühnheit der Verzweiflung schwingt der sich empor, der sich in der Möglichkeit verirrte; zusammengepreßt in Verzweiflung, verhebt sich der am Dasein, dem alles notwendig wurde: aber geistlos triumphiert die Spießbürgerlichkeit. [Siehe Glossar: ‹Notwendigkeit›, ‹Möglichkeit›, ‹Wirklichkeit›]

B. Verzweiflung gesehen unter der Bestimmung: Bewußtsein

Der Grad des Bewußtseins ist im Steigen oder im Verhältnis dazu, wie es steigt, die ständig steigende Potenzierung in der Verzweiflung; je mehr Bewußtsein, desto intensivere Verzweiflung. Dies sieht man überall, am deutlichsten im Maximum und Minimum der Verzweiflung. Die Verzweiflung des Teufels ist die intensivste Verzweiflung, denn der Teufel ist reiner Geist und insofern absolutes Bewußtsein und Durchsichtigkeit; es gibt im Teufel keine Dunkelheit, die als mildernde Entschuldigung dienen könnte, seine Verzweiflung ist deshalb der absoluteste Trotz. Dies ist das Maximum der Verzweiflung. Das Minimum der Verzweiflung ist ein Zustand, der (ja, so könnte man menschlich versucht sein zu sagen) in einer Art Unschuld nicht einmal davon weiß, daß es Verzweiflung ist. Wenn so die Unbewußtheit auf ihrem Maximum ist, dann ist die Verzweiflung am geringsten; es ist ja beinahe, als wäre es dialektisch, ob man das Recht hätte, einen solchen Zustand Verzweiflung zu nennen.

a) Die Verzweiflung, die unwissend ist, daß sie Verzweiflung ist,
oder die verzweifelte Unwissenheit darüber, ein Selbst zu haben,
und ein ewiges Selbst

Daß dieser Zustand dennoch Verzweiflung ist und mit Recht so genannt wird, ist ein Ausdruck dafür, was man im guten Sinne die Rechthaberei der Wahrheit nennen darf. *Veritas est index sui et falsi.* [Die Wahrheit ist Kennzeichen ihrer selbst und des Unwahren.] Aber diese Rechthaberei der Wahrheit wird freilich nicht geachtet, wie es auch weit davon entfernt ist, daß die Menschen im allgemeinen das Verhältnis zum Wahren, dies, sich zum Wahren zu verhalten, als das höchste Gut ansehen, und besonders weit davon, daß sie sokratisch dies, in einem Irrtum zu sein, für das größte Unglück ansehen; das Sinnliche hat in ihnen oft weitaus das Übergewicht über ihre Intellektualität. Wenn so ein Mensch vermeintlich glücklich ist, sich einbildet, glücklich zu sein, während er doch, im Lichte der Wahrheit betrachtet, unglücklich ist, so ist er doch, wie so häufig, weit davon entfernt, daß er wünscht, aus diesem Irrtum herausgerissen zu werden. Im Gegenteil, er wird verbittert, er sieht den für seinen ärgsten Feind an, der dies tut, er betrachtet es als einen Überfall, als etwas, das einem Morde nahekommt, auf diese Weise, wie es heißt, sein Glück zu morden. Und woher kommt das? Es kommt daher, daß das Sinnliche und Sinnlich-Seelische ihn ganz und gar beherrschen; es kommt daher, daß er in den Kategorien des Sinnlichen lebt, dem Behaglichen und Unbehaglichen, und von Geist, Wahrheit und ähnlichem nichts wissen will; es kommt daher, daß er zu sinnlich ist, als daß er den Mut hätte, es zu wagen und auszuhalten, Geist zu sein. Wie eitel und eingebildet auch die Menschen sein können, sie haben doch häufig eine geringe Vorstellung von sich selbst, das ist, sie haben keine Vorstellung davon, Geist zu sein, das Absolute, das ein Mensch sein kann; aber eitel und eingebildet sind sie — vergleichsweise. Wenn man sich ein Haus denken wollte, bestehend aus Keller, Erdgeschoß und erstem Stock, so bewohnt oder eingerichtet, daß es auf einen Standesunterschied zwischen den Bewohnern jeder Etage berechnet wäre — und dann das Menschsein mit einem solchen Haus vergleichen würde: so ist leider bei den meisten Menschen dies Traurige und Lächerliche der Fall, daß sie es vorziehen, in ihrem eigenen Haus im Keller zu wohnen. Jeder Mensch ist die seelisch-leibliche Synthese, die darauf angelegt ist, Geist zu sein, dies ist das Gebäude; aber er zieht es vor, im Keller zu wohnen, das ist, in den Bestimmungen der Sinnlichkeit. Und er zieht es nicht bloß vor, im Keller zu wohnen, nein, er liebt dies in dem Grade, daß er verbittert würde, wenn jemand ihm vorschlagen wollte, die Beletage zu beziehen, die frei zu seiner Verfügung steht — denn es ist ja sein eigenes Haus, in dem er wohnt.

Nein, in einem Irrtum zu sein, das ist, ganz unsokratisch, dasjenige, was die Menschen am wenigsten fürchten. Man kann verblüffende Beispiele dafür sehen, die nach einem ungeheuerlichen Maßstab darüber Aufschluß geben. Ein Denker führt ein ungeheures Gebäude auf, ein System, ein das ganze Dasein und die Weltgeschichte umfassendes System — und betrachtet man sein persönliches Leben, dann entdeckt man zu seiner Verblüffung das Entsetzliche und Lächerliche, daß er selbst persönlich diesen ungeheuren hochgewölbten Palast nicht bewohnt, sondern einen Schuppen nebenan oder eine Hundehütte oder, wenn es hochkommt, die Portierwohnung. Würde man sich erlauben, mit einem einzigen Wort auf diesen Widerspruch aufmerksam zu machen, dann würde er beleidigt sein; denn im Irrtum zu sein fürchtet er nicht, wenn er bloß sein System fertigbekommt — mit Hilfe eines Irrtums, in dem er sich befindet.

Daß der Verzweifelte selbst nichts davon weiß, daß sein Zustand Verzweiflung ist, tut nichts zur Sache, er ist gleichwohl voller Verzweiflung. Ist Verzweiflung Verirrung, so ist der Umstand, daß man darüber in Unwissenheit ist, bloß das Mehr, daß man zugleich in einem Irrtum ist. Es ist mit der Unwissenheit im Verhältnis zur Verzweiflung wie im Verhältnis zur Angst (vgl. Der Begriff Angst von Vigilius Haufniensis), die Angst der Geistlosigkeit ist gerade an der geistlosen Sicherheit zu erkennen. Aber die Angst ist dennoch im Grunde [des Wesens] vorhanden, und wenn die Bezauberung des Sinnenbetruges aufhört, wenn das Dasein zu schwanken beginnt, dann zeigt sich auch gleich die Verzweiflung als das, was im Grunde da war.

Der Verzweifelnde, der unwissend darüber ist, daß er verzweifelt ist, ist, verglichen mit dem, der sich dessen bewußt ist, bloß um ein Negatives weiter entfernt von der Wahrheit und Rettung. Die Verzweiflung selbst ist eine Negativität, die Unwissenheit darüber ist eine neue Negativität. Um aber die Wahrheit zu erreichen, muß man durch jede Negativität hindurch; denn hier gilt es, was die Volkssage über das Aufheben eines gewissen Zaubers erzählt: Das Stück muß ganz und gar rückwärts durchgespielt werden, sonst wird der Zauber nicht behoben. Doch nur in *einem* Sinne, in einem rein dialektischen Sinne, ist der um seine Verzweiflung Unwissende ferner von der Wahrheit und dem Erlösenden als der Wissende, der dennoch in der Verzweiflung bleibt; denn in einem anderen Sinne, ethisch-dialektisch, ist der bewußt in der Verzweiflung bleibende Verzweifelte weiter ab von der Erlösung, da seine Verzweiflung intensiver ist. Aber die Unwissenheit ist so weit entfernt, die Verzweiflung zu beheben oder die Verzweiflung zur Nichtverzweiflung zu machen, daß sie im Gegenteil die gefährlichste Form der Verzweiflung sein kann. In der Unwissenheit ist der Verzweifelte, aber zu seinem eigenen Verderben, auf bestimmte Weise dagegen gesichert, aufmerksam zu werden, das heißt, er ist ganz sicher in der Gewalt der Verzweiflung.

In der Unwissenheit darüber, verzweifelt zu sein, ist der Mensch am weitesten entfernt, seiner als Geist sich bewußt zu sein. Gerade dies aber, seiner als Geist sich nicht bewußt zu sein, ist Verzweiflung, welche Geistlosigkeit ist, der Zustand mag im übrigen entweder eine vollkommene Abgestorbenheit, ein bloß vegetatives Leben sein oder ein potenziertes Leben, dessen Geheimnis doch Verzweiflung ist. Im letzteren Falle geht es dann dem Verzweifelten so, wie es dem geht, der an Auszehrung leidet: Gerade wenn die Krankheit am gefährlichsten ist, fühlt er sich am besten, hält sich für den Allergesündesten, scheint vielleicht anderen vor Gesundheit zu blühen.

Diese Form der Verzweiflung (die Unwissenheit über sie) ist die allgemeinste in der Welt; ja das, was man Welt nennt, oder genauer bestimmt, was das Christentum Welt nennt, das Heidentum und der natürliche Mensch in der Christenheit, das Heidentum, wie es historisch war und ist, und das Heidentum in der Christenheit, ist gerade diese Art von Verzweiflung, ist Verzweiflung, weiß aber nichts davon. Wohl wird nämlich auch sowohl im Heidentum wie von dem natürlichen Menschen ein Unterschied gemacht zwischen dem Verzweifeltsein und dem Nichtverzweifeltsein, das heißt, es wird von Verzweiflung gesprochen, als wären nur einige Einzelne verzweifelt. Aber diese Unterscheidung ist ebenso trügerisch wie diejenige, die das Heidentum und der natürliche Mensch zwischen Liebe und Selbstliebe machen, als wäre nicht all diese Liebe wesentlich Selbstliebe. Doch weiter als bis zu dieser trügerischen Distinktion konnten und können das Heidentum und der natürliche Mensch unmöglich kommen, denn das Spezifische der Verzweiflung ist gerade dies, unwissend darüber zu sein, daß es Verzweiflung ist.

Hieraus ersieht man nun leicht, daß der ästhetische Begriff Geistlosigkeit keineswegs den Maßstab dafür abgibt, zu beurteilen, was Verzweiflung ist und was nicht, und das ist übrigens auch ganz in seiner Ordnung; da es sich nämlich nicht ästhetisch bestimmen läßt, was Geist in Wahrheit ist, wie sollte da das Ästhetische eine Frage beantworten können, die für es überhaupt nicht da ist! Es würde ja auch eine ungeheure Dummheit sein, zu leugnen, daß sowohl heidnische Nationen *en masse* als auch einzelne Heiden verblüffende Leistungen vollbracht haben, welche die Dichter begeistert haben und begeistern werden, und zu leugnen, daß das Heidentum Beispiele zeigt für das, was man ästhetisch nicht genug bewundern kann. Es wäre auch eine Torheit, zu leugnen, daß im Heidentum und von dem natürlichen Menschen ein Leben geführt wurde und geführt werden kann, reich an den größten ästhetischen Genüssen, jede günstige Gelegenheit, die vergönnt ist, auf die geschmackvollste Weise benutzend, und sogar Kunst und Wissenschaft dazu dienstbar machend, den Genuß zu erhöhen, zu verschönen, zu veredeln. Nein, nicht die ästhetische Bestimmung der Geistlosigkeit gibt den Maßstab ab für das, was Verzweiflung ist und was nicht, die Bestimmung, die gebraucht werden muß, ist die ethisch-religiöse: Geist oder, negativ, Mangel an Geist, Geistlosigkeit. Jede menschliche Existenz, die nicht ihrer als Geist sich bewußt ist oder vor Gott persönlich ihrer als Geist sich bewußt ist, jede menschliche Existenz, die so nicht durchsichtig in Gott gründet, sondern in etwas abstraktem Universellen dunkel ruht und aufgeht (Staat, Nation und dergleichen) oder in Dunkelheit über ihr Selbst ihre Fähigkeiten bloß als Wirkkräfte nimmt, ohne in tieferem Sinne sich bewußt zu werden, woher sie sie hat, ihr Selbst als Unerklärliches auffaßt, sofern es nach innen verstanden werden soll — jede solche Existenz, was sie auch ausführe, und sei es das Erstaunlichste, was sie auch erkläre, und sei es das ganze Dasein, wie intensiv sie auch das Leben ästhetisch genieße: eine jede solche Existenz ist doch Verzweiflung. Dies war es, was die alten Kirchenlehrer meinten, wenn sie davon sprachen, daß die Tugenden der Heiden glänzende Laster seien; sie meinten, daß das Innerste der Heiden Verzweiflung sei, daß der Heide sich nicht vor Gott seiner selbst als Geist bewußt sei. Hiervon kommt es auch (um dies als Beispiel anzuführen, während es doch dabei zugleich ein tieferes Verhältnis zu dieser ganzen Untersuchung hat), daß der Heide so merkwürdig leichtsinnig über den Selbstmord urteilte, ja ihn anpries, was doch für den Geist die entschiedenste Sünde ist, so aus dem Dasein auszubrechen, der Aufstand gegen Gott. Dem Heiden fehlte die Geistesbestimmung eines Selbst, deshalb urteilte er so über den *Selbst*mord; und das tat derselbe Heide, der doch sittlich streng urteilte über Diebstahl, Unzucht und dergleichen. Ihm fehlte der Gesichtspunkt für den Selbstmord, ihm fehlte das Gottesverhältnis und das Selbst; rein heidnisch gedacht ist Selbstmord das Indifferente, das, was jeder tun kann, wie ihn gelüstet, weil es niemanden angeht. Sollte da vom Standpunkt des Heidentums gewarnt werden gegen den Selbstmord, so müßte es auf dem langen Umwege geschehen, daß man zeigte, man breche dadurch sein Pflichtverhältnis gegen andere Menschen. Die Pointe beim Selbstmord, daß er gerade ein Verbrechen gegen Gott ist, entgeht dem Heiden ganz. Man kann deshalb nicht sagen, der Selbstmord sei Verzweiflung gewesen, was ein gedankenloses *hysteron-proteron* wäre [verkehrter sprachlicher Ausdruck, der das im Denken Letzte als Erstes darstellt]; man muß sagen, es sei Verzweiflung gewesen, daß der Heide so über den Selbstmord urteilte, wie er tat.

Indessen ist und bleibt da doch ein Unterschied, und zwar ein qualitativer, zwischen dem Heidentum im strengeren Sinne und dem Heidentum in der Christenheit, der Unterschied, auf den Vigilius Haufniensis in bezug auf die Angst aufmerksam gemacht hat [siehe Bd. I der vorliegenden Ausgabe], daß dem Heidentum wohl der Geist fehlt, daß es aber doch bestimmt ist in Richtung auf Geist, während dem Heidentum in der Christenheit der Geist fehlt, aber in Richtung davon weg oder durch einen Abfall vom Geist, und daß dieses deshalb im strengsten Sinne Geistlosigkeit ist.

b) Die Verzweiflung, die sich bewußt ist, Verzweiflung zu sein, die sich also bewußt ist, ein Selbst zu haben, worin doch etwas Ewiges ist, und nun entweder verzweifelt nicht sie selbst sein oder verzweifelt sie selbst sein will

Hier muß natürlich die Unterscheidung gemacht werden, ob der, welcher sich seiner Verzweiflung bewußt ist, die wahre Vorstellung darüber hat, was Verzweiflung ist. So kann einer wohl nach der Vorstellung, die er hat, recht haben, sich verzweifelt zu nennen, er kann auch recht darin haben, daß er verzweifelt ist, und doch ist es noch nicht gesagt, daß er die wahre Vorstellung von Verzweiflung hat, es kann möglich sein, daß man, indem man sein Leben unter dieser betrachtet, sagen muß: Du bist im Grunde noch viel mehr verzweifelt, als du weißt, die Verzweiflung steckt noch viel tiefer. So verhält es sich (um an das Vorhergehende zu erinnern) mit dem Heiden; wenn er sich mit anderen Heiden verglich und sich selbst für verzweifelt ansah, dann hatte er freilich recht darin, daß er verzweifelt sei, aber unrecht darin, daß die anderen es nicht wären, das heißt, er hatte nicht die wahre Vorstellung von Verzweiflung.

Zu der bewußten Verzweiflung wird also einerseits die wahre Vorstellung von dem, was Verzweiflung ist, gefordert. Auf der anderen Seite wird Klarheit über sich selbst gefordert, das will sagen, soweit Klarheit und Verzweiflung zusammen gedacht werden können. Wir wollen hier nicht entscheiden, wieweit vollkommene Klarheit über sich selbst darüber, daß man verzweifelt ist, sich vereinen läßt mit dem Verzweifeltsein, das heißt, ob diese Klarheit der Erkenntnis und Selbsterkenntnis nicht gerade einen Menschen aus der Verzweiflung herausreißen müßte, ihn so erschreckt über sich selbst machen müßte, daß er aufhörte, verzweifelt zu sein; wir wollen es auch deshalb nicht versuchen, weil wir später einen Platz finden würden für diese ganze Untersuchung. Sondern ohne den Gedanken zu diesem dialektischen Äußersten zu verfolgen, machen wir hier bloß darauf aufmerksam, daß genauso, wie der Grad des Bewußtseins dessen, was Verzweiflung ist, sehr verschieden sein kann, so auch der Grad des Bewußtseins über den eigenen Zustand, daß er Verzweiflung ist. Das Leben der Wirklichkeit ist zu mannigfaltig, um bloß derartige abstrakte Gegensätze zu zeigen wie den zwischen einer Verzweiflung, die vollkommen unwissend ist, es zu sein, und einer, die sich vollkommen bewußt ist, es zu sein. Häufig genug ist der Zustand des Verzweifelten ein wenn auch mannigfaltig nuanciertes Halbdunkel hinsichtlich des eigenen Zustands. Er weiß es freilich bis zu einem gewissen Grade bei sich selbst, daß er verzweifelt ist, er merkt es an sich selbst, wie einer es an sich selber merkt, daß er mit einer Krankheit im Körper umhergeht, aber er will nicht recht eingestehen, welche Krankheit es ist. In dem einen Augenblick ist es ihm beinahe deutlich, daß er verzweifelt ist, aber dann in einem anderen Augenblick ist es ihm doch, als hätte sein Übelbefinden einen anderen Grund, als läge es an etwas Äußerem, an etwas außerhalb seiner selbst; und wenn dies verändert würde, wäre er nicht verzweifelt. Oder er sucht vielleicht durch Zerstreuungen oder auf andere Weise, z. B. durch Arbeit und Geschäftigkeit als Zerstreuungsmittel, vor sich selbst eine Dunkelheit über seinen Zustand zu bewahren, doch wiederum so, daß es ihm nicht ganz deutlich wird, daß er tut, was er tut, um

Dunkelheit zu schaffen. Oder er ist sich vielleicht doch bewußt, daß er so arbeitet, um die Seele in Dunkelheit zu versenken, und tut dies mit einer gewissen Scharfsinnigkeit und klugen Berechnung, mit psychologischer Einsicht, aber in einem tieferen Verstande ist er sich nicht klar bewußt, was er macht, wie verzweifelt sein Betragen ist usw. Es gibt nämlich in aller Dunkelheit und Unwissenheit ein dialektisches Zusammenspiel von Erkenntnis und Willen, und man kann im Verstehen eines Menschen fehlgreifen: indem man entweder bloß die Erkenntnis akzentuiert oder bloß den Willen akzentuiert.

Aber wie früher bemerkt potenziert der Grad des Bewußtseins die Verzweiflung. Im selben Grad, wie ein Mensch die wahrere Vorstellung von Verzweiflung hat, wenn er doch in ihr bleibt, und im selben Grad, wie er deutlicher sich bewußt ist, verzweifelt zu sein, wenn er doch in der Verzweiflung bleibt, im selben Grad ist diese intensiver. Wer im Bewußtsein dessen, daß ein Selbstmord Verzweiflung ist, und insofern mit der wahren Vorstellung darüber, was Verzweiflung ist, einen Selbstmord begeht, dessen Verzweiflung ist intensiver als die desjenigen, der einen Selbstmord begeht, ohne die wahre Vorstellung davon zu haben, daß Selbstmord Verzweiflung ist; dagegen ist eine unwahre Vorstellung vom Selbstmord die weniger intensive Verzweiflung. Auf der anderen Seite: mit je klarerem Bewußtsein von sich selbst (Selbstbewußtsein) ein Mensch einen Selbstmord begeht, desto intensiver ist seine Verzweiflung im Vergleich mit demjenigen, dessen Seele, verglichen mit seiner, in einem verwirrten und dunklen Zustand ist.

In dem Folgenden werde ich nun die zwei Formen der bewußten Verzweiflung dergestalt durchgehen, daß zugleich ein steigendes Bewußtsein dessen, was Verzweiflung ist, nachgewiesen wird, und eine Steigerung des Bewußtseins darüber, daß jemandes Zustand Verzweiflung ist, oder, was dasselbe oder das Entscheidende ist, ein steigendes Bewußtsein des Selbst. Aber der Gegensatz zum Verzweifeltsein ist das Glauben. Deshalb ist es auch ganz richtig, was im vorhergehenden als die Formel dargestellt wurde, die einen Zustand beschreibt, in welchem überhaupt keine Verzweiflung da ist, dieses selbe ist auch die Formel für Glauben: Indem es sich zu sich selbst verhält und es selbst sein will, gründet das Selbst durchsichtig in der Macht, die es gesetzt hat (vgl. A, A).

Wenn diese Form der Verzweiflung die der Schwachheit genannt wird, dann ist darin bereits eine Reflexion enthalten auf die andere Form (β), verzweifelt man selbst sein wollen. Dies sind also nur relative Gegensätze. Ganz ohne Trotz gibt es keine Verzweiflung; es liegt ja auch Trotz in dem Ausdruck selbst: nicht sein wollen. Auf der anderen Seite ist selbst der höchste Trotz der Verzweiflung doch niemals ohne irgendeine Schwachheit. Der Unterschied ist also nur relativ. Die eine Form ist sozusagen Verzweiflung der Weiblichkeit, die andere die der Männlichkeit *.

---

* Und wenn man sich in der Wirklichkeit umsieht, wird man zuweilen Gelegenheit bekommen, sich dessen zu vergewissern, daß das, was denkrichtig ist und zutreffen soll, auch zutrifft und daß diese Einteilung die ganze Wirklichkeit der Verzweiflung umfaßt; denn was das Kind angeht, so redet man ja nicht von Verzweiflung, sondern nur von Gereiztheit, da man nur berechtigt ist vorauszusetzen, daß das Ewige κατὰ δύναμιν [der Möglichkeit nach] im Kinde anwesend ist, aber nicht berechtigt ist, es von ihm zu fordern, wie man berechtigt ist, es von einem Älteren zu fordern, von dem es heißt, daß er es haben soll. Indessen will ich doch keineswegs leugnen, daß auch bei Frauen Formen männlicher Verzweiflung vorkommen können und umgekehrt bei Männern Formen weiblicher Verzweiflung; aber dies sind Ausnahmen. Und es versteht sich, das Ideale ist ja nur selten; und nur rein ideal ist es doch vollständig wahr mit diesem Unterschied zwischen der Verzweiflung der Männlichkeit und Weiblichkeit. Die Frau hat weder die selbstisch entwickelte Vorstellung vom Selbst, noch auch im entscheidenden Sinne Intellektualität, mag sie auch sehr viel zart- und feinfühlender sein als der Mann. Dagegen ist das Wesen der Frau Hingegebenheit, Hingabe; und es ist unweiblich, wenn es nicht so ist. Sonderbar genug, niemand kann so schnippisch sein (und dies Wort ist ja von der Sprache auf die Frau gemünzt), so fast grausam verwöhnt wie eine Frau — und doch ist ihr Wesen Hingegebenheit, und doch (eben dies Wunderbare) ist alles dies eigentlich der Ausdruck dafür, daß ihr Wesen Hingabe ist. Denn gerade weil sie in ihrem Wesen die ganze weibliche Hingegebenheit trägt, deshalb hat die Natur sie liebevoll mit einem Instinkt ausgestattet, im Vergleich zu dessen Feinheit die am stärksten, am eminentesten entwickelte männliche Reflexion wie nichts ist. Diese Hingabe einer Frau, diese, um griechisch zu reden, göttlichen Gaben und Reichtümer sind ein zu großes Gut, um blindlings verschleudert zu werden; und doch würde keine sehende menschliche Reflexion imstande sein, scharf genug zu sehen, um diese Gabe richtig anzuwenden. Deshalb hat die Natur sich ihrer angenommen: Instinktmäßig sieht sie im Blinden klarer als die sehendste Reflexion, instinktmäßig sieht sie, wo es ist, das sie bewundern soll, was es ist und woran sie sich hingeben soll. Die Hingegebenheit ist das einzige, was die Frau hat, und deshalb übernahm es

1. Verzweiflung über das Irdische oder über etwas Irdisches

Dies ist die reine Unmittelbarkeit oder Unmittelbarkeit mit einer quantitativen Reflexion in sich. — Hier gibt es kein unendliches Bewußtsein vom Selbst, dessen, was Verzweiflung ist, oder darüber, daß der Zustand Verzweiflung ist; Verzweiflung ist ein bloßes Leiden, ein Liegen unter dem Druck der Äußerlichkeit, der auf keine Weise von innen kommt als Handlung. Nur durch einen, wenn man so will, unschuldigen Mißbrauch der Sprache, ein Spiel mit Worten, gleichsam als ob Kinder Soldaten spielen, kommen in der Sprache der Unmittelbarkeit solche Worte vor wie: das Selbst, Verzweiflung.

Der *Unmittelbare* (soweit Unmittelbarkeit in der Wirklichkeit ganz ohne alle Reflexion vorkommen kann) ist bloß seelisch bestimmt, sein Selbst und er selbst, ein Etwas innerhalb der Zeitlichkeit und Weltlichkeit, steht in unmittelbarem Zusammenhang mit dem anderen (τὸ ἕτερον) und hat nur einen illusorischen Schein, als wäre etwas Ewiges in ihm. So hängt das Selbst unmittelbar zusammen mit dem

---

die Natur, ihr Beschützer zu sein. Daher kommt es auch, daß die Weiblichkeit erst in einer Metamorphose entsteht; sie entsteht, indem das unendlich Schnippische sich zu einer weiblichen Hingegebenheit verklärt. Aber daß die Hingegebenheit das Wesen der Frau ist, kommt dann in der Verzweiflung wieder durch, ist wiederum Modus der Verzweiflung. In der Hingabe hat sie sich selbst verloren, und nur so ist sie glücklich, nur so ist sie sie selbst; eine Frau, die glücklich ist ohne Hingabe, das ist, ohne ihr Selbst hinzugeben, was es auch im übrigen sein mag, dem sie es hingibt, ist ganz und gar unweiblich. Auch ein Mann gibt sich hin, und es ist ein elender Mann, der das nicht tut; aber sein Selbst ist keine Hingabe (dies ist der Ausdruck für die weibliche substantielle Hingabe), er bekommt auch sein Selbst nicht durch Hingabe, wie das bei der Frau in einem anderen Sinne der Fall ist, er hat sich selbst; er gibt sich hin, aber sein Selbst bleibt noch zurück als ein nüchternes Bewußtsein der Hingabe, wohingegen die Frau echt weiblich sich hineinstürzt, ihr Selbst in das hineinstürzt, dem sie sich hingibt. Wird dies nun fortgenommen, dann ist auch ihr Selbst fort und ist es ihre Verzweiflung, daß sie nicht sie selbst sein will. — So gibt der Mann sich nicht hin; sondern die andere Form der Verzweiflung drückt auch das Männliche aus: verzweifelt man selbst sein wollen.

Soviel über das Verhältnis zwischen der Verzweiflung der Weiblichkeit und Männlichkeit. Doch muß man sich erinnern, daß hier nicht die Rede ist von Hingabe an Gott oder vom Gottesverhältnis, wovon erst im zweiten Abschnitt die Rede sein wird. Im Verhältnis zu Gott, wo ein solcher Unterschied wie: Mann — Frau verschwindet, gilt für den Mann wie für die Frau, daß die Hingabe das Selbst ist und daß man durch Hingabe das Selbst bekommt. Dies gilt in gleicher Weise für Mann und Frau, wenn auch in der Wirklichkeit meistens die Frau nur durch den Mann sich zu Gott verhält.

anderen, wünschend, begehrend, genießend usw., aber leidend; sogar begehrend ist dieses Selbst ein Dativ wie des Kindes ‹Mir!›. Seine Dialektik ist: das Behagliche und das Unbehagliche; seine Begriffe: Glück, Unglück, Schicksal.

Nun *geschieht* es, daß diesem unmittelbaren Selbst etwas *zustößt*, was es zur Verzweiflung bringt; auf andere Weise kann das hier nicht geschehen, da das Selbst keine Reflexion in sich hat; das, was zur Verzweiflung bringt, muß von außen kommen, und Verzweiflung ist ein bloßes Erleiden. Das, worin der Unmittelbare sein Leben hat, oder insofern er doch ein kleines bißchen Reflexion in sich hat, der Teil davon, an welchem er besonders hängt, wird ihm geraubt ‹durch einen Schlag des Schicksals›, kurz, er wird, wie er es nennt, unglücklich, das heißt, die Unmittelbarkeit in ihm bekommt einen solchen Knacks, daß sie sich nicht selbst reproduzieren kann: er verzweifelt. Oder, was doch in Wirklichkeit seltener zu sehen ist, aber dialektisch ganz in Ordnung ist, diese Verzweiflung der Unmittelbarkeit tritt durch etwas ein, was der Unmittelbare ein allzu großes Glück nennt; die Unmittelbarkeit ist nämlich von so ungeheurer Gebrechlichkeit, und jedes *quid nimis* [zu viel, zu sehr], das Reflexion von ihr verlangt, bringt sie zur Verzweiflung.

Also er verzweifelt, das will sagen, durch eine besondere Zurückgewendetheit und in einer vollkommenen Mystifikation über sich selbst nennt er dies verzweifeln. Aber verzweifeln heißt das Ewige verlieren — und von diesem Verlust spricht er ja nicht, von ihm träumt er nicht einmal. Das Irdische zu verlieren ist als solches nicht verzweifeln, und doch redet er davon, und das nennt er verzweifeln. Was er sagt, ist in einem gewissen Sinne wahr, nur nicht in der Weise wahr, wie er es versteht; er ist nach rückwärts ausgerichtet, und was er sagt, muß nach rückwärts verstanden werden; er steht und zeigt auf das, was nicht verzweifeln ist, und erklärt, daß er verzweifelt ist, und indessen geht ganz richtig die Verzweiflung hinter seinem Rücken vor sich, ohne sein Wissen. Es ist, wie wenn einer mit dem Rücken zum Rat- und Gerichtshaus gewendet stände und geradeaus vor sich zeigte und sagte: Da liegt das Rat- und Gerichtshaus; der Mensch hat recht, es liegt da — wenn er sich umdreht. Er ist nicht verzweifelt, das ist nicht wahr, und doch bekommt er recht, indem er es sagt. Aber er nennt sich verzweifelt, er betrachtet sich selbst als tot, als einen Schatten seiner selbst. Doch ist er nicht tot, da ist, wenn man so will, noch Leben in der Person. Wenn so plötzlich alles wieder anders würde, all das Äußere, und der Wunsch erfüllt würde, dann käme das Leben in ihn wieder zurück, die Unmittelbarkeit erhebt sich wieder, und er beginnt von neuem zu leben. Aber dies ist die einzige Art, auf welche die Unmittelbarkeit zu streiten weiß, das einzige, was sie kann: verzweifeln und ohnmächtig werden — und trotzdem weiß sie am wenigsten von allen, was Verzweiflung ist. Sie verzweifelt und wird ohnmächtig, und danach liegt sie ganz still, als wäre sie tot, ein Kunststück ähnlich dem, sich ‹totzustellen›; es ist mit der Unmittelbarkeit wie mit diesen niederen Tierarten, die keine andere Waffe oder Verteidigung haben, als ganz still zu liegen und zu tun, als wären sie tot.

Inzwischen vergeht die Zeit. Kommt dann Hilfe im Äußeren, so kommt auch wieder Leben in den Verzweifelten, er beginnt da, wo er sich fallen ließ, ein Selbst war er nicht, und ein Selbst wurde er nicht, sondern er lebt jetzt weiter fort, bloß unmittelbar bestimmt. Kommt die Hilfe der Äußerlichkeit nicht, dann geschieht in Wirklichkeit häufig etwas anderes. Es kommt dann dennoch Leben in die Person hinein, aber ‹sie wird nie mehr sie selbst›, wie man sagt. Der Mensch bekommt nun ein bißchen Verstand für das Leben, er lernt die anderen Menschen nachäffen, wie die es machen zu leben — und so lebt er nun auch. In der Christenheit ist er zugleich Christ, geht jeden Sonntag in die Kirche, hört und versteht den Pfarrer, ja, sie verstehen einander; er stirbt, der Pfarrer leitet ihn für zehn Reichstaler in die Ewigkeit hinüber — aber ein Selbst war er nicht, und ein Selbst wurde er nicht.

Diese Form von Verzweiflung ist: verzweifelt nicht man selbst sein wollen, oder noch niedriger: verzweifelt nicht ein Selbst sein wollen, oder am allerniedrigsten: verzweifelt ein anderer sein wollen als man selbst, ein neues Selbst sich wünschen. Die Unmittelbarkeit hat eigentlich kein Selbst, sie kennt sich selbst nicht und kann daher sich selbst auch nicht wiedererkennen, sie endet deshalb gerne im Abenteuerlichen. Indem die Unmittelbarkeit verzweifelt, hat sie nicht einmal Selbst genug, um zu wünschen oder zu träumen, daß sie doch das geworden wäre, was sie nicht wurde. Die Unmittelbarkeit hilft sich dann auf eine andere Weise, sie wünscht ein anderer zu sein. Dessen kann man sich leicht vergewissern, wenn man unmittelbare Menschen beobachtet; ihnen liegt im Augenblick der Verzweiflung kein Wunsch so nahe wie der, ein anderer geworden zu sein oder ein anderer zu werden. Man kann es in jedem Falle niemals unterlassen, über einen solchen Verzweifelten zu lächeln, der, menschlich gesprochen, obwohl verzweifelt, so sehr unschuldig ist. Sehr häufig ist ein so Verzweifelter unendlich komisch. Man denke sich ein Selbst (und nächst Gott gibt es nichts so Ewiges wie ein Selbst) und dann, daß das Selbst den Einfall bekommt, ob es sich nicht machen ließe, daß es ein anderes würde als es selbst. Und doch liebt ein derartiger Verzweifelter, dessen einziger Wunsch diese wahnsinnigste von allen wahnsinnigen Verwandlungen ist, er liebt die Einbildung, daß die Veränderung ebenso leicht vor sich gehen sollte wie die, ein anderes Kleid anzuziehen. Denn der Unmittelbare kennt sich nicht selbst, er kennt sich ganz buchstäblich nur am Kleid, er kennt (und hier ist wieder die unendliche Komik) dies, ein Selbst in der Äußerlichkeit zu haben. Es gibt nicht leicht eine lächerlichere Verwechslung; denn ein Selbst ist gerade unendlich verschieden von der Äußerlichkeit. Wenn nun die ganze Äußerlichkeit für den Unmittelbaren verändert wird und er verzweifelt, dann geht er einen Schritt weiter, er denkt etwa so, und es wird sein Wunsch: Was, wenn ich ein anderer würde, ein neues Selbst bekäme! Ja wie, wenn er ein anderer würde — ob er dann sich selbst wiedererkennen würde? Man erzählt von einem Bauern, der barfüßig in die Hauptstadt gekommen war und dort so viele Schillinge bekommen hatte, daß er sich Strümpfe und Schuhe kaufen konnte und noch soviel übrig behielt, daß er sich volltrinken konnte — man erzählt, daß er, als er berauscht nach Hause gehen wollte, mitten auf der Landstraße liegen blieb und in Schlaf fiel. Da kam ein Wagen gefahren, und der Kutscher rief ihn an, daß er wegrücken sollte, sonst führe er über seine Beine. Der betrunkene Bauer erwachte, sah dann auf seine Beine, und da er sie wegen der Strümpfe und Schuhe nicht erkannte, sagte er: Fahr Er nur, es sind nicht meine Beine. So mit dem Unmittelbaren, wenn er verzweifelt, es ist wirklich unmöglich, ihn darzustellen, ohne komisch zu werden; um es ehrlich zu sagen, gehört bereits eine Art Kunststück dazu, um in diesem Jargon von einem Selbst und von Verzweiflung zu reden.

Wenn man annimmt, daß die Unmittelbarkeit eine Reflexion in sich habe, wird die Verzweiflung etwas modifiziert; es entsteht mehr Bewußtsein vom Selbst und dadurch wiederum davon, was Verzweiflung ist, und davon, daß jemandes Zustand Verzweiflung ist; so bekommt es Sinn, wenn ein solcher Mensch davon redet, verzweifelt zu sein: Aber die Verzweiflung ist wesentlich die der Schwachheit, ein Erleiden; ihre Form: verzweifelt nicht man selbst sein wollen.

Der Fortschritt im Vergleich mit der reinen Unmittelbarkeit zeigt sich sofort darin, daß die Verzweiflung nicht immer durch einen Stoß hervorkommt, dadurch, daß etwas passiert, sondern veranlaßt werden kann durch die Reflexion in sich, so daß die Verzweiflung, wenn sie da ist, nicht bloß ein Erleiden und Unterliegen unter der Äußerlichkeit ist, sondern bis zu einem gewissen Grade Selbstwirksamkeit, Handlung. Hier ist ja ein gewisser Grad von Reflexion in sich, also ein gewisser Grad von Besinnung auf sein Selbst; mit diesem gewissen Grad von Reflexion in sich beginnt der Akt der Aussonderung, worin das Selbst aufmerksam wird auf sich selbst als wesentlich verschieden von der Umwelt und Äußerlichkeit und deren Einwirkung auf es. Aber dies geschieht nur bis zu einem gewissen Grade. Indem nun das Selbst mit einem gewissen Grad von Reflexion in sich darangehen will, das Selbst zu übernehmen, stößt es vielleicht auf die eine oder andere Schwierigkeit in der Zusammensetzung des Selbst, in der Notwendigkeit des Selbst. Denn wie kein menschlicher Körper vollkommen ist, so auch kein Selbst. Vor dieser Schwierigkeit, welche es auch sei, schaudert er zurück. Oder es passiert ihm etwas, das mit der Unmittelbarkeit in ihm tiefer bricht, als er durch die Reflexion in sich es getan hat; oder seine Phantasie entdeckt eine Möglichkeit, die, wenn sie einträte, der Bruch mit der Unmittelbarkeit werden würde.

Dann verzweifelt er. Seine Verzweiflung ist die der Schwachheit, das Leiden des Selbst, im Gegensatz zur Verzweiflung der Selbstbehauptung; aber mit Hilfe der relativen Reflexion in sich, die er hat, unternimmt er, darin wieder verschieden von dem rein Unmittelbaren, den Versuch, sein Selbst zu verteidigen. Er versteht, daß es doch eine Transaktion ist, so sein Selbst fahrenzulassen, er wird nicht so apoplektisch vom Schlage gerührt wie der Unmittelbare, er versteht mit Hilfe der Reflexion, daß es vieles gibt, das er verlieren kann, ohne sein Selbst zu verlieren; er macht Zugeständnisse, er ist dazu imstande, und warum? Weil er bis zu einem gewissen Grade sein Selbst von der Äußerlichkeit abgesondert hat, weil er eine dunkle Vorstellung davon hat, daß doch etwas Ewiges im Selbst sein muß. Aber vergebens kämpft er so; die Schwierigkeit, auf die er gestoßen ist, verlangt einen Bruch mit der ganzen Unmittelbarkeit, und hierzu hat er nicht genug Selbstreflexion oder ethische Reflexion; er hat keine Bewußtheit von einem Selbst, das gewonnen wird durch die unendliche Abstraktion von allem Äußerlichen — diesem im Gegensatz zu dem bekleideten der Unmittelbarkeit nackten, abstrakten Selbst, das die erste Form des unendlichen Selbst ist und das Vorantreibende in dem ganzen Prozeß, durch den ein Selbst unendlich sein wirkliches Selbst mit dessen Schwierigkeiten und Vorzügen übernimmt.

Also er verzweifelt, und seine Verzweiflung ist: nicht er selbst sein wollen. Dagegen fällt das Lächerliche ihm freilich nicht ein, ein anderer sein zu wollen; er hält das Verhältnis zu seinem Selbst aufrecht, soweit die Reflexion ihn an das Selbst geknüpft hat. Es geht ihm da im Verhältnis zu seinem Selbst, wie es einem Menschen im Verhältnis zu seiner Wohnung gehen kann (das Komische ist, daß in einem so ganz lockeren Verhältnis, wie ein Mensch zu seiner Wohnung steht, das Selbst freilich nicht zu sich selbst steht), daß diese ihm widerwärtig wird, weil da Rauch ist, oder gleichgültig aus welchem Grund auch immer; er verläßt sie also, aber er wandert nicht aus, er bezieht keine neue Wohnung, er bleibt dabei, die alte als seine Wohnung zu betrachten; er rechnet darauf, daß es wieder vorbeigehen soll. So mit dem Verzweifelnden. Solange die Schwierigkeit andauert, wagt er, wie es mit besonderer Prägnanz heißt, nicht, zu sich selber zu kommen, will er nicht er selbst sein; aber das geht wohl vorüber, es verändert sich vielleicht, die dunkle Möglichkeit wird wohl vergessen. Solange kommt er deshalb nur einmal zwischendurch sozusagen auf Besuch zu sich selbst, um nachzusehen, ob die Veränderung nicht eingetreten ist. Und sobald sie eingetreten ist, zieht er wieder zu sich nach Hause, ‹ist wieder er selbst›, so sagt er, doch dies will nur sagen, er beginnt da, wo er aufhörte, er war so bis zu einem gewissen Grade ein Selbst, wurde aber nicht mehr.

Wenn aber keine Veränderung eintritt, dann hilft er sich auf eine andere Weise; er dreht sich völlig von der Richtung nach innen fort, auf welchem Wege er hätte vorwärts gehen sollen, um in Wahrheit ein Selbst zu werden. Die ganze Frage nach dem Selbst im tieferen Sinne wird ein Art blinde Tür im Hintergrunde seiner Seele, innerhalb deren nichts ist. Er übernimmt, was er in seiner Sprache sein Selbst nennt, das will sagen, was an Fähigkeiten, an Talenten usw. ihm gegeben sein mag, alles dies übernimmt er jedoch mit der Richtung nach außen, in Richtung, wie es heißt, auf das Leben, das wirkliche, das wirksame Leben; er geht sehr vorsichtig mit dem bißchen Reflexion in sich um, er fürchtet, es könnte wieder hochkommen, dies im Hintergrund. So glückt es ihm nach und nach, es zu vergessen; im Lauf der Jahre findet er es dann fast lächerlich, besonders wenn er in guter Gesellschaft ist mit anderen tüchtigen und wirkungsfreudigen Männern, die Sinn und Tüchtigkeit für das wirkliche Leben haben. Charmant! Er ist jetzt, wie es in Romanen steht, bereits mehrere Jahre glücklich verheiratet, ein tätiger und unternehmender Mann, Vater und Bürger, vielleicht sogar ein großer Mann; daheim in seinem Haus nennen die Untergebenen ihn ‹Er selbst›; in der Stadt ist er unter den Honoratioren; sein Auftreten geschieht mit persönlichem Ansehen oder mit dem Ansehen einer Persönlichkeit, also dessen, was man dem Anschein nach für eine Persönlichkeit hält. In der Christenheit ist er Christ (ganz und gar im selben Sinne, wie er im Heidentum Heide sein würde und in Holland Holländer), einer der gebildeten Christen. Die Frage nach der Unsterblichkeit hat ihn oft beschäftigt, und mehr als einmal hat er den Pfarrer gefragt, ob es eine solche Unsterblichkeit gebe, ob man sich selbst wirklich wiedererkennen werde; was ja auch ein ganz besonderes Interesse für ihn haben muß, da er kein Selbst hat.

Es ist unmöglich, diese Art Verzweiflung richtig darzustellen ohne einen gewissen Zusatz von Satirischem. Das Komische ist, daß er davon reden will, verzweifelt gewesen zu sein; das Furchtbare ist, daß sein Zustand, nachdem er, wie er glaubt, die Verzweiflung überwunden hat, gerade Verzweiflung ist. Es ist unendlich komisch, daß im Grunde der von der Welt so sehr gepriesenen Lebensklugheit, daß im Grunde von all der Satansmasse von guten Ratschlägen und klugen Wendungen und Die-Zeit-Mitansehen und Sein-Schicksal-auf-sich-Nehmen und Ins-Buch-des-Vergessens-Schreiben ideell verstanden eine vollkommen dumme Ahnungslosigkeit darüber liegt, wo die Gefahr eigentlich ist, welches eigentlich die Gefahr ist. Aber diese ethische Dummheit ist ja wieder das Entsetzliche.

Verzweiflung über das Irdische oder über etwas Irdisches ist die gewöhnlichste Art der Verzweiflung, und besonders in der zweiten Form, als Unmittelbarkeit mit einer quantitativen Reflexion in sich. Je mehr durchreflektiert die Verzweiflung wird, desto seltener ist sie zu sehen oder kommt sie in der Welt vor. Aber dies beweist, daß die meisten Menschen nicht einmal besonders tief geschürft haben im Verzweifeln, keineswegs dagegen, daß sie nicht verzweifelt sind. Es gibt sehr wenig Menschen, die auch nur so einigermaßen unter der Bestimmung Geist leben; ja, es sind nicht einmal viele, die sich auch nur an diesem Leben versuchen, und von denen, die es tun, springen die meisten bald ab. Sie haben nicht gelernt zu fürchten, nicht gelernt zu müssen, gleichgültig, unendlich gleichgültig, was da im übrigen auch geschieht. Deshalb können sie nicht aushalten, was ihnen selbst bereits als ein Widerspruch erscheint, was aber in der Reflexion der Umwelt sich als viel, viel krasser erweist, daß dies, um seine Seele bekümmert zu sein und Geist sein zu wollen, in der

Welt wie Zeitvergeudung aussieht, ja, wie eine unverantwortliche Zeitverschwendung, die, wenn möglich, von den bürgerlichen Gesetzen bestraft werden sollte, auf jeden Fall aber mit Verachtung und Spott bestraft werden sollte als eine Art Verrat an den Menschen, als ein trotziger Irrsinn, der die Zeit wahnsinnig mit nichts ausfüllt. Dann gibt es einen Augenblick in ihrem Leben, ach, in dieser ihrer besten Zeit, wo sie doch anfangen, die Richtung nach innen einzuschlagen. Dann stoßen sie so ungefähr auf die ersten Schwierigkeiten, da biegen sie ab; es ist ihnen, als führte dieser Weg in eine trostlose Wüste — «und rings umher liegt schöne grüne Weide» [Goethe, Faust I, V 1479]. Da streben sie dann hin und vergessen bald jene ihre beste Zeit, ach, vergessen sie, als wäre sie eine Kinderei gewesen. Sie sind zugleich Christen, von ihren Pfarrern beruhigt in Sachen ihrer Seligkeit. Wie gesagt, diese Verzweiflung ist die gewöhnlichste, sie ist so gewöhnlich, daß man nur daran sich die in Handel und Wandel ziemlich allgemeine Meinung erklären kann, Verzweiflung sei etwas, das der Jugend angehöre, das nur in den jungen Jahren vorkomme, aber nicht bei dem seriösen Mann zu finden sei, der in die reiferen Jahre und das entscheidende Alter gekommen ist. Dies ist ein verzweifelter Irrtum, oder richtiger ein verzweifeltes Fehldenken, das übersieht — ja, und was noch schlimmer ist, es übersieht, daß das, was es übersieht, noch fast das Beste ist, was von einem Menschen gesagt werden kann, da oft das weit Schlimmere eintritt —, daß die meisten Menschen, wesentlich betrachtet, es eigentlich in ihrem ganzen Leben nicht weiter bringen als zu dem, was sie in der Kindheit und Jugend waren: Unmittelbarkeit mit einem Zusatz einer kleinen Dosis Reflexion in sich. Nein, Verzweiflung ist wahrlich nicht etwas, das nur bei Jünglingen vorkommt, etwas, dem man ohne weiteres entwächst — «wie man einer Illusion entwächst». Aber dies tut man ja auch nicht, wenn man auch töricht genug ist, es zu glauben. Im Gegenteil, man kann oft genug auf Männer, Frauen und Greise treffen, die kindische Illusionen haben, trotz einem Jüngling. Aber man übersieht, daß Illusion wesentlich zwei Formen hat, die der Hoffnung und die der Erinnerung. Die Jugend hat die Illusion der Hoffnung, der Ältere die der Erinnerung; aber gerade weil er in der Illusion ist, hat er auch von Illusion die gänzlich einseitige Vorstellung, sie sei nur die der Hoffnung. Und dies versteht sich, von der Illusion der Hoffnung wird der Ältere nicht geplagt, dagegen aber wohl unter anderem auch von dieser schnurrigen Vorstellung: von einem vermeintlich höheren Standpunkt ohne Illusion herabzusehen auf die Illusion des Jünglings. Der Jüngere ist in Illusion, er erhofft das Außerordentliche vom Leben und von sich selbst; als Entgelt findet man oft bei dem Älteren die Illusion, wie er sich seiner Jugend erinnert. Eine ältere Frau, die nach ihrer Meinung alle Illusionen aufgegeben hat, kann man oft, trotz manchen jungen Mädchens, in einer phantastischen Illusion antreffen hinsichtlich der Art, wie sie sich ihrer selbst als eines jungen Mädchens erinnert, wie glücklich sie damals war, wie schön usw. Dieses *fuimus* [wir sind gewesen], das so oft von einem Älteren zu hören ist, ist eine ebenso große Illusion wie die futurische des jungen Menschen; sie lügen oder dichten beide.

Aber ganz anders verzweifelt ist die Fehlmeinung, daß die Verzweiflung nur der Jugend angehöre. Es ist überhaupt eine große Torheit und geradezu das Nichtverstehen dessen, was Geist ist, oder dazu noch die mangelnde Erkenntnis dessen, daß der Mensch Geist ist, nicht bloß ein Tiergeschöpf, zu meinen, es gehe so angenehm mit Glauben und Weisheit, daß sie wirklich so ohne weiteres mit den Jahren kämen wie Zähne, Bart und dergleichen. Nein, wozu auch ein Mensch ohne weiteres kommen mag und was da auch ohne weiteres komme: eines bestimmt nicht, Glaube und Weisheit. Die Sache ist vielmehr die: Mit den Jahren kommt der Mensch, geistig verstanden, nicht ohne weiteres zu etwas, diese Kategorie ist gerade der schärfste Gegensatz des Geistes; dagegen passiert es sehr leicht, daß man mit den Jahren ohne weiteres etwas verliert. Und mit den Jahren verliert man vielleicht das bißchen Leidenschaft, Gefühl, Phantasie, das bißchen Innerlichkeit, das man hatte, und geht ohne weiteres (denn so etwas geht ohne weiteres) ein unter die triviale Bestimmung der Lebensklugheit. Diesen — verbesserten Zustand, der freilich mit den Jahren gekommen ist, sieht er nun verzweifelt für ein Gutes an, er vergewissert sich leicht dessen (und in einem gewissen satirischen Sinne ist nichts gewisser), daß es ihm nun niemals einfallen könnte zu verzweifeln — nein, er hat sich gesichert, er ist verzweifelt, geistlos verzweifelt. Denn weshalb liebte wohl Sokrates die Jünglinge, doch wohl, weil er die Menschen kannte?

Und geschieht es nicht so, daß ein Mensch mit den Jahren hineinsinkt in die trivialste Art von Verzweiflung, so folgt daraus doch wohl keineswegs, daß die Verzweiflung nur der Jugend angehören sollte. Entwickelt ein Mensch sich wirklich mit den Jahren, reift er im wesentlichen Bewußtsein des Selbst, dann kann er vielleicht in einer höheren Form verzweifeln. Und entwickelt er sich nicht wesentlich mit den Jahren, während er doch auch nicht rein in Trivialität versinkt, das will sagen, bleibt er so ungefähr dabei, ein junger Mensch zu sein, ein Jüngling, obgleich Mann, Vater und grauhaarig, also doch etwas von dem Guten am Jüngling bewahrend, so wird er ja auch dem ausgesetzt sein, wie ein Jüngling zu verzweifeln über das Irdische oder über etwas Irdisches.

Ein Unterschied kann da dann doch entstehen zwischen der Verzweiflung solch eines Älteren und der eines Jünglings, aber kein wesentlicher, ein rein zufälliger. Der Jüngling verzweifelt über das Zukünftige wie ein Präsens *in futuro*; es gibt etwas Zukommendes, das er nicht übernehmen will, mit dem er nicht er selbst sein will. Der Ältere verzweifelt über das Vergangene wie ein Präsens *in praeterito*, das nicht etwas mehr und mehr Vergangenes sein will — denn so verzweifelt ist er dann nicht, daß es ihm gelänge, es ganz zu vergessen. Dieses Vergangene ist vielleicht doch etwas, womit eigentlich die Reue sich befassen sollte. Aber sollte die Reue hervorkommen, dann müßte da erst mit Nutzen verzweifelt werden, bis zu Ende verzweifelt werden, dann müßte das Geistesleben von Grund auf durchbrechen. Aber verzweifelt, wie er ist, wagt er nicht, es zu einer solchen Entscheidung kommen zu lassen. Da bleibt er dann stehen, die Zeit geht hin — wenn es ihm nicht glückt, noch mehr verzweifelt, durch Vergessen dies zu heilen, so daß er, statt ein Bereuender zu werden, sein eigener Hehler wird. Wesentlich aber bleibt die Verzweiflung eines solchen Jünglings und eines solchen Älteren dieselbe, es kommt nicht zu irgendeiner Metamorphose, in der das Bewußtsein des Ewigen im Selbst durchbricht, so daß der Kampf beginnen könnte, der entweder die Verzweiflung zu einer noch höheren Form potenziert oder zum Glauben führt.

Aber ist da nicht doch ein wesentlicher Unterschied zwischen den zwei bisher als identisch gebrauchten Ausdrücken: über das Irdische zu verzweifeln (die Totalitätsbestimmung) und über etwas Irdisches zu verzweifeln (das einzelne)? Ja, da ist einer. Indem das Selbst mit unendlicher Leidenschaft in der Phantasie über etwas Irdisches verzweifelt, verwandelt die unendliche Leidenschaft dieses einzelne, dieses Etwas zu dem Irdischen im ganzen (*in toto*), das will sagen, die Totalitätsbestimmung liegt in dem Verzweifelnden und gehört ihm zu. Das Irdische und Zeitliche als solches ist gerade dasjenige, das auseinanderfällt in etwas, in das einzelne. Es ist unmöglich, wirklich alles Irdischen verlustig zu gehen oder beraubt zu werden, denn die Totalitätsbestimmung ist eine Gedankenbestimmung. Das

Selbst vermehrt also zuerst den wirklichen Verlust unendlich, und dann verzweifelt es über das Irdische *in toto.* Aber sobald dieser Unterschied (zwischen dem Verzweifeln über das Irdische und über etwas Irdisches) wesentlich geltend gemacht werden soll, dann ist ein wesentlicher Fortschritt im Bewußtsein vom Selbst gemacht. Diese Formel, über das Irdische zu verzweifeln, ist dann ein erster dialektischer Ausdruck für die nächste Form von Verzweiflung.

2. *Verzweiflung am Ewigen oder über sich selbst*

Verzweiflung über das Irdische oder über etwas Irdisches ist ja eigentlich auch Verzweiflung am Ewigen oder über sich selbst, insofern da Verzweiflung ist, denn dies ist ja die Formel für alle Verzweiflung *. Aber der Verzweifelnde, so wie er in dem Vorhergehenden dargestellt wurde, war nicht aufmerksam darauf, was da sozusagen hinter seinem Rücken geschieht; er meint, über etwas Irdisches zu verzweifeln, und redet beständig davon, worüber er verzweifelt, und doch verzweifelt er am Ewigen; denn daß er dem Irdischen so großen Wert beilegt, oder näher ausgeführt, daß er etwas Irdischem so großen Wert beilegt, oder daß er zuerst etwas Irdisches zu allem Irdischen macht und so dem Irdischen so großen Wert beilegt, ist ja gerade das Verzweifeln am Ewigen.

Diese Verzweiflung ist nun ein bedeutender Fortschritt. War die vorhergehende die der *Schwachheit*, dann ist diese: *Verzweiflung*

---

* Und deshalb ist es sprachlich richtig, zu sagen: *über* das Irdische zu verzweifeln (der Anlaß), *am* Ewigen, aber *über* sich selbst, weil dies wiederum ein anderer Ausdruck für den Anlaß zur Verzweiflung ist, die dem Begriff nach immer *am* Ewigen ist, während das, wor*über* da verzweifelt wird, das Verschiedenste sein kann. Man verzweifelt *über* das, was einen in der Verzweiflung festsetzt: über sein Unglück, über das Irdische, über den Verlust seines Vermögens usw.; aber *an* dem, was, richtig verstanden, einen aus der Verzweiflung herauslöst: an dem Ewigen, an seiner Erlösung, an der eigenen Kraft usw. Im Verhältnis zum Selbst sagt man beides: *über* sich und *an* sich selbst verzweifeln, denn das Selbst ist doppelt dialektisch. Und dies ist eine Dunkelheit, welche darin besteht, besonders in allen niederen Formen der Verzweiflung und nahezu in jedem Verzweifelnden, daß er so leidenschaftlich deutlich sieht und weiß, wor*über* es ist, daß er verzweifelt, aber es entgeht ihm, wor*an* es ist. Die Bedingung für die Heilung ist immer diese *Um*wendung; und rein philosophisch könnte dies dann eine spitzfindige Frage werden, ob es möglich ist, daß jemand verzweifelt sein kann mit vollem Bewußtsein davon, woran er verzweifelt.

über seine Schwachheit, während sie doch noch innerhalb der Wesensbestimmung bleibt: Verzweiflung der Schwachheit als verschieden
von β (Trotz). Es ist also nur ein relativer Unterschied. Dieser ist,
daß die vorhergehende Form das Bewußtsein der Schwachheit als ihr
letztes Bewußtsein hat, während hier die Bewußtheit nicht dabei ste-
henbleibt, sondern sich zu einem neuen Bewußtsein potenziert, dem
von seiner Schwachheit. Der Verzweifelnde versteht selbst, daß es
Schwachheit ist, sich das Irdische so nahegehen zu lassen, daß es
Schwachheit ist, zu verzweifeln. Aber statt nun richtig von der Verzweiflung fortzuschwingen, hin zum Glauben, vor Gott sich unter
seine Schwachheit demütigend, vertieft er sich in die Verzweiflung
und verzweifelt über seine Schwachheit. Dadurch dreht sich dann
der ganze Gesichtspunkt um, er wird sich nun deutlicher seiner Verzweiflung bewußt, daß er am Ewigen verzweifelt, er verzweifelt
über sich selbst, daß er so schwach sein konnte, dem Irdischen eine
so große Bedeutung beizulegen; und das wird ihm nun verzweifelt der Ausdruck dafür, daß er das Ewige und sich selbst verloren
hat.

Hier ist das gradweise Ansteigen. Erst im Bewußtsein des Selbst;
denn am Ewigen zu verzweifeln ist unmöglich, ohne eine Vorstellung vom Selbst zu haben, daß da etwas Ewiges in ihm ist oder
daß es etwas Ewiges in sich gehabt hat. Und soll man über sich
selbst verzweifeln, so muß man sich ja auch bewußt sein, ein Selbst
zu haben; doch worüber er verzweifelt, ist nicht das Irdische oder
etwas Irdisches, sondern er selbst. Ferner ist hier ein größeres Bewußtsein davon, was Verzweiflung ist, denn Verzweiflung ist ganz
richtig, das Ewige und sich selbst verloren zu haben. Selbstverständlich ist da auch ein größeres Bewußtsein dessen vorhanden, daß jemandes Zustand Verzweiflung ist. Weiter ist Verzweiflung hier
nicht bloß ein Leiden, sondern eine Handlung. Denn wenn vom
Selbst das Irdische fortgenommen wird und es verzweifelt, so ist es,
als käme die Verzweiflung vom Äußerlichen her, während sie doch
allezeit vom Selbst kommt; aber wenn das Selbst über diese seine
Verzweiflung verzweifelt, dann kommt diese neue Verzweiflung
vom Selbst, indirekt-direkt vom Selbst als Gegendruck (Reaktion),
darin verschieden vom Trotz, der direkt vom Selbst kommt. Endlich
ist hier auch, wenn auch in einem anderen Sinne, noch ein Fortschritt. Denn gerade weil diese Verzweiflung intensiver ist, ist sie
in einem gewissen Sinne der Erlösung näher. Eine solche Verzweiflung wird schwerlich vergessen, sie ist zu tief; aber in jedem

Augenblick, da die Verzweiflung offengehalten wird, gibt es auch die Möglichkeit der Erlösung.

Dennoch ist diese Verzweiflung auf die Form zurückzuführen: verzweifelt nicht man selbst sein wollen. Wie wenn ein Vater einen Sohn enterbt, so will das Selbst sich nicht anerkennen, nachdem es so schwach gewesen ist. Es kann verzweifelt diese Schwachheit nicht vergessen, es haßt in gewisser Weise sich selbst, es will sich nicht glaubend unter seine Schwachheit demütigen, um sich so wiederzugewinnen, nein, es will sozusagen verzweifelt nichts von sich hören, nichts von sich selbst wissen. Aber daß durch Vergessen geholfen wird, davon kann doch auch nicht die Rede sein, auch nicht davon, mit Hilfe des Vergessens hineinzuschlüpfen unter die Bestimmung Geistlosigkeit und so Mann und Christ zu sein wie andere Männer und Christen; nein, dazu ist das Selbst zu sehr Selbst. Wie es wohl oft dem Vater ging, der den Sohn enterbte: das äußere Faktum half ihm nur wenig, er wurde deshalb den Sohn nicht los, zum wenigsten nicht in seinen Gedanken; wie es so oft mit dem Fluch eines Liebenden über den Verhaßten (d. h. über den Geliebten) geht: er hilft nicht groß, er fesselt fast noch mehr — so geht es dem verzweifelten Selbst mit sich selbst.

Diese Verzweiflung ist eine Qualitätsstufe intensiver als die vorhergehende und gehört zu der Verzweiflung, die seltener in der Welt vorkommt. Jene Blindtür, von der im vorhergehenden gesprochen wurde, hinter der es nichts gab, ist hier eine wirkliche, aber richtig sorgfältig geschlossene Tür, und hinter ihr sitzt das Selbst gleichsam und paßt auf sich selbst auf, beschäftigt mit sich selbst und die Zeit damit ausfüllend, daß es nicht es selbst sein will, und doch Selbst genug, um sich selbst zu lieben. Dies nennt man *Verschlossenheit* [indesluttethed]. Und von jetzt ab kommen wir dazu, von der Verschlossenheit zu reden, die gerade der Gegensatz zur Unmittelbarkeit ist und unter anderem auch, was ihr Denken betrifft, eine große Verachtung für diese hat.

Aber ist ein solches Selbst nicht in der Wirklichkeit da, ist es aus der Wirklichkeit geflüchtet, in die Wüste, in das Kloster, in das Irrenhaus; ist es nicht ein wirklicher Mensch, gekleidet wie andere oder wie andere angezogen mit der gewöhnlichen Überkleidung? O gewiß, warum auch nicht! Aber er weiht niemand in die Sache mit dem Selbst ein, nicht eine Seele, dazu fühlt er keinen Drang, oder er hat gelernt, diesen zu bezwingen, hört bloß ihn selbst darüber sprechen. «Es sind doch nur die rein unmittelbaren Menschen — welche unter der Bestimmung Geist ungefähr auf demselben Punkt stehen wie das Kind im ersten Abschnitt der ersten Kindheit, wo es mit einer gänzlich liebenswerten Ungeniertheit alles von sich gehen läßt — es sind nur die rein unmittelbaren Menschen, die überhaupt nichts bei sich behalten können. Das ist diese Art von Unmittelbarkeit, die sich oft mit großer Prätention nennt: ‹Wahrheit, wahr zu sein, ein wahrer Mensch und ganz wie man ist›, welches gerade ebenso wahr ist, wie es Unwahrheit ist, wenn ein Älterer nicht sofort, wenn er ein körperliches Bedürfnis hat, dem nachgibt. Jedes bloß ein bißchen reflektierte Selbst hat doch eine Vorstellung davon, das Selbst zu beherrschen.» Und unser Verzweifelter ist verschlossen genug, um jeden Unbefugten draußenhalten, also jeden fern von der Sache mit dem Selbst halten zu können, während er nach außen hin ganz «ein wirklicher Mensch» ist. Er ist ein studierter Mann, Ehemann, Vater, ja sogar ein ungewöhnlich tüchtiger Beamter, ein respektabler Vater, angenehm im Umgang, sehr mild gegen seine Frau, die Sorgfalt selbst gegen seine Kinder. Und ein Christ? — Nun ja, das ist er ja auch so einigermaßen, indessen vermeidet er es am liebsten, davon zu reden, wenn er auch gerne und mit einer gewissen wehmütigen Freude sieht, daß seine Frau zur Erbauung sich mit frommen Dingen beschäftigt. In die Kirche geht er sehr selten, weil es ihm scheint, daß die meisten Pfarrer eigentlich nicht wissen, wovon sie reden. Er macht eine Ausnahme mit einem einzigen Pfarrer, bei dem er zugibt, daß er weiß, wovon er redet; aber er wünscht aus einem anderen Grunde, ihn nicht zu hören, da er fürchtet, dies könne ihn zu weit führen. Dagegen fühlt er nicht selten einen Drang nach Einsamkeit, diese ist ihm eine Lebensnotwendigkeit, zuweilen wie das Atmen, zu anderen Zeiten wie das Schlafen. Daß er diese Lebensnotwendigkeit stärker hat als die meisten Menschen, ist auch ein Zeichen dafür, daß er eine tiefere Natur ist. Überhaupt ist der Drang zur Einsamkeit ein Zeichen dafür, daß Geist in einem Menschen ist, und ein Maßstab dafür, wes Geistes sie sind. «Die nur schwatzhaften Un- und Mitmenschen» fühlen in solchem Grade kein Bedürfnis nach Einsamkeit, daß sie wie die Gesellschaftsvögel gleich sterben, wenn sie nur einen Augenblick allein sein müssen; wie das kleine Kind in den Schlaf gesungen werden muß, so brauchen diese das beruhigende Einlullen des Gesellschaftlichen, um essen, trinken, schlafen, beten, sich verlieben usw. zu können. Aber sowohl in der Antike wie im Mittelalter war man doch aufmerksam auf diesen Drang nach Einsamkeit, hatte Respekt davor, was er bedeutet; in dem Unentwegt-Gesellschaftlichen unserer Zeit gruselt man sich in dem Grade vor der Einsamkeit, daß man (o herrliches Epigramm!) sie zu nichts anderem zu gebrauchen weiß als zur Strafe für Verbrecher. Doch es ist wahr, in unserer Zeit ist es ja ein Verbrechen, Geist zu haben, da ist es in seiner Ordnung, daß solche, die Liebhaber der Einsamkeit, in eine Klasse mit Verbrechern kommen.

Der verschlossene Verzweifelte verbringt seine Zeit Stunde auf Stunde in Abschnitten, die, wenn auch nicht für die Ewigkeit gelebt, doch mit dem Ewigen zu tun haben, beschäftigt mit dem Verhältnis seines Selbst zu sich selbst; aber er kommt eigentlich nicht weiter. Wenn es dann geschehen ist, wenn der Drang nach Einsamkeit zufriedengestellt ist, so geht er gleichsam aus — selbst wenn er darauf eingeht, sich mit seiner Frau und seinen Kindern einzulassen. Dies, was ihn als Ehemann so mild macht und als Vater so sorgfältig, ist außer seiner natürlichen Gutmütigkeit und seinem Pflichtgefühl das Zugeständnis, das er in seinem verschlossenen Innersten sich selbst gemacht hat, seine Schwachheit betreffend.

Wäre es jemandem möglich, Mitwisser seiner Verschlossenheit zu werden, und würde der dann zu ihm sagen, das ist ja Stolz, du bist ja eigentlich stolz auf dein Selbst: dann würde er dem anderen dieses Zugeständnis wohl kaum machen. Wenn er wieder mit sich allein wäre, würde er wohl eingestehen, daß etwas daran sei, aber die Leidenschaftlichkeit, mit der sein Selbst seine Schwachheit verstanden hätte, würde ihm bald wieder einbilden, daß dies unmöglich Stolz sein könne, da er ja gerade über seine Schwachheit verzweifelt sei — recht als wäre dies nicht Stolz, der ein so ungeheures Gewicht auf die Schwäche legte, recht als wäre es nicht, weil er auf sein Selbst stolz sein wollte, daß er dieses Bewußtsein der Schwachheit nicht aushalten konnte. — Würde man ihm sagen: «Dies ist eine sonderbare Verwicklung, eine sonderbare Art von Knoten; denn das ganze Unglück liegt ja eigentlich in der Art, wie der Gedanke sich verschlingt; sonst ist es ja sogar normal, es ist ja gerade der Weg, den du gehen sollst, du sollst durch die Verzweiflung am Selbst zum Selbst kommen. Das mit der Schwachheit ist ganz richtig, aber darüber sollst du nicht verzweifeln; das Selbst muß gebrochen werden, um Selbst zu werden, höre bloß auf, darüber zu verzweifeln» — würde man so zu ihm sprechen, dann würde er es in einem leidenschaftsfreien Augenblick verstehen, aber bald würde die Leidenschaft es wieder falsch sehen, und dann würde er wieder die verkehrte Wendung machen, hinein in die Verzweiflung.

Wie gesagt, eine solche Verzweiflung ist seltener in der Welt. Bleibt er nun nicht an diesem Punkt stehen, nur auf der Stelle marschierend, und auf der anderen Seite, geht da nicht eine Umwälzung mit dem Verzweifelnden vor, so daß er auf dem richtigen Wege hin zum Glauben kommt: dann wird eine solche Verzweiflung entweder sich zu einer höheren Form von Verzweiflung potenzieren und fortfahren, Verschlossenheit zu sein, oder sie bricht nach außen durch und vernichtet die äußere Umkleidung, in welcher ein so Verzweifelter dahingelebt hat wie in einem Inkognito. Im letzten Falle wird ein so Verzweifelter sich ins Leben hinausstürzen, vielleicht in die Zerstreuung großer Unternehmungen, er wird ein unruhiger Geist werden, dessen Dasein genügend Spuren hinterläßt, ein unruhiger Geist, der vergessen will, und da es zu stark da innen lärmt, gehören starke Mittel dazu, wenn auch von anderer Art als die, die Richard III. gebrauchte, um nicht die Flüche seiner Mutter zu hören [4. Akt, 4. Szene: Richard läßt die Trommeln rühren]. Oder er wird Vergessen in der Sinnlichkeit suchen, vielleicht in Ausschweifungen, er will verzweifelt zurück zur Unmittelbarkeit, aber immer mit dem Bewußtsein des Selbst, das er nicht sein will. Im ersten Fall, wenn die Verzweiflung potenziert wird, wird sie Trotz, und es wird nun offenbar, wieviel Unwahrheit in der Geschichte mit der Schwachheit lag, es wird offenbar, wie dialektisch richtig es ist, daß der erste Ausdruck für Trotz gerade Verzweiflung über die eigene Schwäche ist.

Doch laßt uns zum Schluß noch einmal ein bißchen hineinsehen in den Verschlossenen, der in der Verschlossenheit auf der Stelle marschiert. Wird diese Verschlossenheit absolut bewahrt, vollendet in jeder Hinsicht, dann wird der Selbstmord die Gefahr werden, die ihm am nächsten liegt. Menschen, wie sie meistens sind, haben natürlich keine Ahnung davon, was ein solcher Verschlossener zu tragen vermag; bekämen sie dies zu wissen, würden sie verblüfft sein. Aber nun ist der Selbstmord wieder die Gefahr für den absolut Verschlossenen. Spricht er dagegen zu einem, öffnet er sich für einen einzigen Menschen, dann ist er aller Wahrscheinlichkeit nach so sehr entspannt, die Spannung so sehr herabgeschaltet, daß aus der Verschlossenheit sich kein Selbstmord mehr ergibt. Eine solche Verschlossenheit mit einem Mitwisser ist einen ganzen Ton milder als die absolute. Er wird dann wahrscheinlich dem Selbstmord entgehen. Doch kann es passieren, daß er gerade, nachdem er sich für einen anderen geöffnet hat, darüber verzweifelt, daß ihm ist, als hätte er doch tausendmal lieber aushalten müssen in der Verschwiegenheit, als einen Mitwisser zu haben. Dafür hat man Beispiele, daß ein Verschlossener gerade dadurch zur Verzweiflung gebracht wurde, daß er einen Vertrauten bekam. So kann doch ein Selbstmord die Folge sein. Dichterisch würde die Katastrophe (poetisch angenommen, daß die Person zum Beispiel König oder Kaiser wäre) auch so herbeigeführt werden können, daß er den Vertrauten totschlagen ließe. Man könnte sich einen solchen dämonischen Tyrannen denken, der den Drang fühlte, mit einem Menschen über seine Qual zu reden, und so nach und nach eine Masse Menschen verbrauchte; denn sein Vertrauter zu werden war der gewisse Tod: sobald der Tyrann sich ihm gegenüber ausgesprochen hatte, wurde er totgeschlagen. — Das wäre eine Aufgabe für einen Dichter, diesen qualvollen Selbstwiderspruch in einem Dämonischen, einen Vertrauten nicht entbehren zu können und doch keinen Vertrauten haben zu können, auf diese Weise gelöst darzustellen.

β) Die Verzweiflung, verzweifelt man selbst sein zu wollen: Trotz

Wie gezeigt wurde, daß man α die Verzweiflung der Weiblichkeit nennen könnte, so kann man diese Verzweiflung die der Männlichkeit nennen. Sie ist deshalb auch im Verhältnis zu der vorhergehenden: Verzweiflung, gesehen unter der Bestimmung Geist. So ist ja aber auch eben die Männlichkeit wesentlich unter die Bestimmung Geist gehörend, während die Weiblichkeit eine niederere Synthese ist.

Die unter α 2 beschriebene Verzweiflung war die über die eigene Schwäche, der Verzweifelte will nicht er selbst sein. Geht man aber dialektisch einen einzigen Schritt weiter, kommt der so Verzweifelte zum Bewußtsein dessen, weshalb er nicht er selbst sein will, dann schlägt es um, dann ist der Trotz da, denn dann ist es gerade deshalb, daß er verzweifelt er selbst sein will.

Zuerst kommt die Verzweiflung über das Irdische oder etwas Irdisches, dann die Verzweiflung am Ewigen über sich selbst. Dann kommt der Trotz, der eigentlich Verzweiflung mit Hilfe des Ewigen ist, der verzweifelte Mißbrauch des Ewigen, das im Selbst ist, verzweifelt man selbst sein wollen. Aber gerade weil sie Verzweiflung mit Hilfe des Ewigen ist, liegt sie in einem gewissen Sinne dem Wahren sehr nahe; und gerade weil sie dem Wahren sehr naheliegt, ist sie unendlich weit fort. Auch die Verzweiflung, die der Durchgang zum Glauben ist, geschieht mit Hilfe des Ewigen; mit Hilfe des Ewigen hat das Selbst Mut, sich selbst zu verlieren, um sich selbst zu gewinnen; hier dagegen will es nicht damit anfangen, sich selbst zu verlieren, sondern will es selbst sein.

In dieser Form von Verzweiflung findet nun ein Ansteigen im Bewußtsein des Selbst statt, also ein größeres Bewußtsein dessen, was Verzweiflung ist, und davon, daß jemandes Zustand Verzweiflung ist; hier ist die Verzweiflung sich ihrer bewußt als eines Tuns, sie kommt nicht von dem Äußeren wie ein Leiden unter dem Druck der Äußerlichkeit, sie kommt direkt vom Selbst. Und so ist Trotz doch, im Verhältnis zur Verzweiflung über die eigene Schwachheit, eine neue Qualifikation.

Um verzweifelt man selbst sein zu wollen, braucht man Bewußtsein eines unendlichen Selbst. Dieses unendliche Selbst ist indessen eigentlich nur die abstrakteste Form, die abstrakteste Möglichkeit des Selbst. Und das ist dieses Selbst, das er verzweifelt sein will, das Selbst von jedem Verhältnis zu einer Macht, die es gesetzt hat, losreißend, oder es von der Vorstellung losreißend, daß es eine solche Macht gibt. Mit Hilfe dieser unendlichen Form will das Selbst verzweifelt über sich selbst gebieten oder sich selbst erschaffen, sein Selbst zu dem Selbst machen, das es sein will, bestimmen, was er in seinem konkreten Selbst mithaben will und was nicht. Sein konkretes Selbst oder seine Konkretion hat ja Notwendigkeit und Grenze, ist dieses ganz Bestimmte mit diesen Fähigkeiten, Anlagen usw., in dieser Konkretion der Verhältnisse usw. Aber mit Hilfe der unendlichen Form des negativen Selbst wird er zuerst es übernehmen, das Ganze umzubauen, um so ein Selbst daraus zu bekommen, das er will, hervorgebracht mit Hilfe der unendlichen Form des negativen Selbst – und dann will er er selbst sein. Das will sagen, er will ein bißchen früher anfangen als andere Menschen, nicht bei und mit dem Anfang, sondern «im Anfang» [das erste Wort der Bibel]; er will sich sein Selbst nicht anziehen, nicht in dem ihm gegebenen Selbst seine Aufgabe sehen, er will mit Hilfe dessen, daß er die unendliche Form ist, es selbst konstruieren.

Wollte man einen gemeinsamen Namen für diese Verzweiflung haben, könnte man sie Stoizismus nennen, doch so, daß man nicht bloß an jene Sekte dächte. Und um diese Art Verzweiflung näher zu beleuchten, macht man am besten einen Unterschied zwischen dem handelnden und dem leidenden Selbst und zeigt, wie das Selbst, wenn es handelnd ist, sich zu sich selbst verhält und wie das Selbst, wenn es leidend ist, im Leiden sich zu sich selbst verhält, daß die Formel beständig ist: verzweifelt man selbst sein wollen.

Ist das verzweifelte Selbst ein *handelndes*, verhält es sich eigentlich immer bloß experimentierend zu sich selbst, was es auch immer vornehmen mag, wie groß, wie verblüffend, mit wieviel Ausdauer. Es erkennt keine Macht über sich, deshalb fehlt ihm im letzten Grunde der Ernst, und es kann nur einen Schein von Ernst hervorzaubern, wenn es selbst seinen Experimenten seine allerhöchste Aufmerksamkeit schenkt. Dies ist nur ein angelogener Ernst: Wie das Feuer, das Prometheus den Göttern stahl — so heißt dies, von Gott den Gedanken stehlen, der Ernst ist, daß Gott auf einen sieht; statt dessen begnügt das verzweifelte Selbst sich damit, auf sich selbst zu sehen, was nun seinen Unternehmungen das unendliche Interesse und die Bedeutung verleihen soll, während doch gerade dies sie zu Experimenten macht. Denn wenn auch dieses Selbst nicht so weit in der Verzweiflung geht, daß es ein experimentierter Gott wird: kein abgeleitetes Selbst kann doch dadurch, daß es auf sich selbst sieht, sich selbst mehr geben, als es selbst ist; es wird doch zuerst und zuletzt das Selbst, in der Selbstverdoppelung wird es doch weder mehr noch weniger als das Selbst. Insofern arbeitet das Selbst in seinem verzweifelten Streben, es selbst sein zu wollen, sich gerade in das Gegenteil hinein, es wird eigentlich kein Selbst. Es ist in der ganzen Dialektik, innerhalb deren es handelt, nichts Festes; was das Selbst ist, steht in keinem Augenblick fest, das heißt, nicht ewig fest. Die negative Form des Selbst übt ebensosehr die lösende wie die bindende Macht aus; es kann ganz willkürlich jeden Augenblick von vorne beginnen, und wie lange auch ein Gedanke verfolgt wird, die ganze Handlung geschieht innerhalb einer Hypothese. Weit entfernt, daß es dem Selbst gelänge, mehr und mehr es selbst zu werden, wird es nur immer mehr offenbar, daß es bloß ein hypothetisches Selbst ist. Das Selbst ist sein eigener Herr, absolut, wie es heißt, sein eigener Herr, und gerade dies ist die Verzweiflung, aber auch das, was es als seine Lust, seinen Genuß ansieht. Und doch vergewissert man sich durch näheres Hinschauen leicht dessen, daß dieser absolute Herrscher ein König ohne Land ist, er regiert eigentlich über nichts; sein Zustand, seine Herrschaft unterliegt der Dialektik, daß in jedem Augenblick der Aufruhr die Legitimität ist. Dies hängt nämlich zu guter Letzt willkürlich vom Selbst selber ab.

Dieses verzweifelte Selbst baut also beständig nur Luftschlösser und liefert stets nur Luftgefechte. Es sieht brillant aus mit all diesen experimentierten Tugenden; sie verzaubern einen Augenblick wie eine morgenländische Dichtung; eine solche Selbstbeherrschung, eine solche Unerschütterlichkeit, eine solche Ataraxie usw. grenzen nahezu ans Fabelhafte. Ja, das tun sie freilich; und dem Ganzen zugrunde liegt ja auch nichts. Das Selbst will verzweifelt die ganze Befriedigung genießen, sich zu sich selbst zu machen, sich selbst zu entwickeln, es selbst zu sein, es will die Ehre dieser dichterischen meisterhaften Anlage haben, wie es sich selbst verstanden hat. Und doch ist es im letzten Grunde ein Rätsel, was es unter sich selbst versteht; gerade in dem Augenblick, wo es am allernächsten daran zu sein scheint, das Gebäude fertig zu haben, kann es das Ganze willkürlich in nichts auflösen.

Ist das verzweifelnde Selbst ein *leidendes* Selbst, so ist die Verzweiflung doch: verzweifelt man selbst sein wollen. Vielleicht stößt ein solches experimentierendes Selbst, das verzweifelt es selbst sein will, indem es sich vorläufig in seinem konkreten Selbst orientiert, auf die eine oder andere Schwierigkeit, auf etwas, das der Christ ein Kreuz nennen würde, einen Grundschaden, welcher Art er auch sei. Das negative Selbst, die unendliche Form des Selbst, will dies vielleicht zuerst einfach wegwerfen, so tun, als wäre es nicht da, sozusagen nichts davon wissen. Aber das glückt nicht, so weit reicht seine Fertigkeit im Experimentieren nicht, nicht einmal seine Fertigkeit im Abstrahieren reicht so weit; prometheisch fühlt das unendliche negative Selbst sich an dieses Servitut geschmiedet. Es ist also hier ein leidendes Selbst. Wie zeigt sich nun die Verzweiflung, die darin besteht, verzweifelt man selbst sein zu wollen?

Seht, in dem Vorhergehenden ist die Form der Verzweiflung dargestellt: zu verzweifeln über das Irdische oder über etwas Irdisches, so verstanden, daß es im Grunde Am-Ewigen-Verzweifeln ist und sich auch als solches erweist, d. h.: sich nicht trösten und heilen lassen will durch das Ewige, das Irdische so hoch anschlägt, daß das Ewige kein Trost sein kann. Aber dies ist auch eine Form von Verzweiflung, nicht auf die Möglichkeit hoffen zu wollen, daß eine irdische Not, ein zeitliches Kreuz behoben werden kann. Das will nun diese Verzweiflung, die verzweifelt sie selbst sein will, nicht. Hat der Mensch sich dessen vergewissert, daß dieser Pfahl im Fleische (mag er nun in Wirklichkeit so sein oder seine Leidenschaft ihn dazu machen) so tief bohrt, daß er nicht davon abstrahieren kann *, dann will er gleichsam ihn ewig übernehmen. Er ärgert sich an ihm, oder richtiger, er nimmt ihn zum Anlaß, sich am ganzen Dasein zu ärgern; er will dann trotzdem er selbst sein, nicht trotz ihm er selbst sein ohne ihn (das hieße ja von ihm abstrahieren, und das kann er nicht, oder es wäre die Bewegung in Richtung auf die Resignation), nein, er will ihm zum Trotz oder zum Trotz gegen das ganze Dasein mit ihm er selbst sein, ihn mitnehmen, beinahe trotzig auf seiner Qual beharrend. Denn auf die Möglichkeit von Hilfe hoffen, besonders dann kraft des Absurden, daß für Gott alles möglich ist, nein, das will er nicht. Und Hilfe bei einem anderen suchen, nein, das will er um alles in der Welt nicht, er will lieber, wenn es so sein soll, mit allen Qualen der Hölle er selbst sein, als Hilfe suchen.

Und wirklich, es ist ja nicht gerade so ganz richtig, daß davon gesprochen wird, «es verstehe sich von selbst, daß ein Leidender so gerne Hilfe will, wenn bloß jemand ihm helfen kann» — davon ist es weit entfernt, wenn der Gegensatz auch nicht allezeit so verzweifelt ist wie hier. Die Sache ist die: Ein Leidender hat gerne eine oder mehrere Arten der Hilfe, von denen er möchte, daß sie ihm zuteil würden. Wird ihm so geholfen, dann will er gerne Hilfe. Aber wenn es in einem tieferen Sinne Ernst wird mit der Hilfe, besonders von einem Höheren oder dem Höchsten — dieses Demütigende, die Hilfe unbedingt auf jede Weise entgegennehmen zu müssen, wie ein Nichts zu werden in der Hand des ‹Helfers›, für den alles möglich ist, oder bloß dies, sich einem anderen Menschen beugen zu müssen, solange

---

* Man wird hier im übrigen, um doch daran zu erinnern, gerade von diesem Gesichtspunkt aus sehen, daß vieles von dem, was in der Welt unter dem Namen der Resignation herausgeputzt wird, eine Art Verzweiflung ist, die, verzweifelt sein abstraktes Selbst sein zu wollen, verzweifelt sein Genügen zu haben am Ewigen und damit dem Leiden im Irdischen und Zeitlichen trotzen oder es ignorieren zu können. Die Dialektik der Resignation ist eigentlich die: sein ewiges Selbst sein wollen und dann in Hinsicht auf etwas Gewisses, woran das Selbst leidet, nicht man selbst sein wollen, sich damit tröstend, daß dies doch in der Ewigkeit fortfallen müsse, und deshalb sich für berechtigt haltend, es in der Zeitlichkeit auf sich zu nehmen; das Selbst will, obgleich es darunter leidet, dem gewissen Etwas doch nicht das Zugeständnis machen, daß es mit zum Selbst gehört, das heißt, sich doch nicht glaubend darunter demütigen. Die Resignation, als Verzweiflung betrachtet, ist also wesentlich verschieden von: verzweifelt nicht man selbst sein wollen, denn sie will verzweifelt sie selbst sein, doch mit Ausnahme eines einzelnen Punktes, in Hinsicht auf welchen sie verzweifelt nicht sie selbst sein will.

man Hilfe sucht, es aufgeben müssen, man selbst zu sein: oh, es gibt gewiß vieles, sogar langwierige und qualvolle Leiden, unter denen das Selbst nicht so stöhnt und die es im Grunde vorzieht, wenn es nur es selbst sein kann.

Je mehr Bewußtsein aber in einem so Leidenden ist, der verzweifelt er selbst sein will, desto mehr potenziert sich auch die Verzweiflung und wird das Dämonische. Dessen Ursprung ist mit Vorliebe dieser: Ein Selbst, das verzweifelt es selbst sein will, windet sich vor Schmerzen in der einen oder anderen Pein, die sich nun einmal von seinem konkreten Selbst nicht wegnehmen oder abscheiden läßt. Gerade auf diese Qual wirft er seine ganze Leidenschaft, die zuletzt ein dämonisches Rasen wird; und wenn es auch geschähe, daß Gott im Himmel und alle Engel ihm anböten, ihm daraus zu helfen, nein, nun will er nicht, nun ist es zu spät, damals hätte er gern alles dafür gegeben, diese Qual los zu sein, man ließ ihn warten, nun ist es vorüber, nun will er lieber gegen alles rasen, der von der ganzen Welt, vom Dasein ins Unrecht Gesetzte, dem es gerade von Wichtigkeit ist, aufzupassen, daß er seine Qual zur Hand hat, daß niemand sie von ihm nimmt — denn dann könnte er ja nicht beweisen und sich selbst überzeugen, daß er recht hat. Dies setzt sich zum Schluß derart fest in seinem Kopf, daß er aus einem ganz besonderen Grund bange vor der Ewigkeit ist, daß sie ihn nämlich seines dämonisch verstandenen unendlichen Vorzugs gegenüber anderen Menschen beraubt, seiner dämonisch verstandenen Berechtigung, der zu sein, der er ist. — Er selbst will er sein; er begann mit der unendlichen Abstraktion vom Selbst, und nun ist er schließlich so konkret geworden, daß es eine Unmöglichkeit sein würde, in diesem Sinne ewig zu werden, und doch will er verzweifelt er selbst sein. O dämonischer Wahnsinn, er rast am allermeisten bei dem Gedanken, daß es der Ewigkeit in den Sinn kommen könnte, sein Elendsein von ihm zu nehmen.

Diese Art von Verzweiflung wird selten in der Welt gesehen, solche Gestalten kommen eigentlich nur bei den Dichtern vor, den wirklichen, die ihren Geschöpfen stets die ‹dämonische› Idealität verleihen, dieses Wort in rein griechischem Sinne genommen. Indessen kommt eine solche Verzweiflung auch in der Wirklichkeit vor. Was ist dann die entsprechende Äußerlichkeit? Ja, da gibt es nichts ‹Entsprechendes›, da eine entsprechende Äußerlichkeit, die der Verschlossenheit entspräche, ein Widerspruch in sich selbst ist; denn wenn sie entsprechend ist, dann ist sie ja offenbarend. Aber die Äußerlichkeit ist hier das gänzlich Gleichgültige, hier, wo die Verschlossenheit oder was man eine Innerlichkeit nennen könnte, die sich verklemmt hat, so überwiegend das ist, was beachtet werden muß. Die niedrigsten Formen der Verzweiflung, in denen es eigentlich keine Innerlichkeit gab und jedenfalls nichts darüber zu sagen war, die niedrigsten Formen der Verzweiflung mußte man darstellen, indem man die Äußerlichkeit des so Verzweifelten beschrieb oder etwas darüber sagte. Je geistiger aber die Verzweiflung wird, je mehr die Innerlichkeit eine eigene Welt für sich in der Verschlossenheit wird, desto gleichgültiger ist es mit dem Äußerlichen, worunter die Verzweiflung sich verbirgt. Aber gerade je geistiger eine Verzweiflung wird, desto mehr ist sie selbst aufmerksam mit dämonischer Klugheit, die Verzweiflung in der Verschlossenheit eingeschlossen zu halten, desto mehr ist sie darum aufmerksam darauf, das Äußere zu neutralisieren, es so unbedeutend und gleichgültig wie möglich zu machen. Wie in der Erzählung des Aberglaubens der Troll durch einen Spalt verschwindet, den keiner sehen kann, so ist dies der Fall mit der Verzweiflung, je geistiger sie ist, desto mehr liegt es ihr am Herzen, in einer Äußerlichkeit zu wohnen, hinter welcher sie normalerweise niemand suchen würde. Diese Verborgenheit ist gerade etwas Geistiges und eine von den Sicherheitsvorkehrungen, um sich zu sichern, gleichsam hinter der Wirklichkeit ein *Ein*geschlossenes zu haben, eine Welt *ausschließ*lich für sich selbst, eine Welt, in der das verzweifelte Selbst rastlos und tantalisch beschäftigt ist, sich selbst zu wollen.

Wir begannen (α 1) mit der niedrigsten Form von Verzweiflung: verzweifelt nicht man selbst sein wollen. Die dämonische Verzweiflung ist die höchste Potenz jener Verzweiflung, die verzweifelt sie selbst sein will. Diese Verzweiflung will auch nicht in stoischer Vernarrtheit in sich selbst und Selbstvergottung sie selbst sein, will nicht wie dieser [stoisch Vernarrte], freilich unzutreffend, aber doch in einem gewissen Sinne nach seiner Vollkommenheit sie selbst sein; nein, sie will in Haß gegen das Dasein sie selbst sein, sie will sie selbst in ihrer Elendigkeit sein; sie will auch nicht im Trotz oder trotzig, sondern trotzdem sie selbst sein; sie will auch nicht im Trotz ihr Selbst losreißen von der Macht, die es gesetzt hat, sie will aus Trotz sich dieser aufdrängen, sich dieser auftrotzen, will sich aus purer Bosheit an diese halten — und es versteht sich, eine bosheitsvolle Einwendung muß ja auch vor allem darauf aufpassen, sich an das zu halten, wogegen sie Einwendung ist. Sie meint, sich gegen das ganze Dasein empörend, einen Beweis gegen dieses bekommen zu haben, gegen dessen Güte. Dieser Beweis glaubt der Verzweifelte selbst zu sein, und das ist es, was er gerade will, deshalb will er er selbst sein, er selbst in seiner Qual, um mit dieser Qual gegen das ganze Dasein zu protestieren. Während der aus Schwachheit Verzweifelnde nichts davon hören will, welchen Trost die Ewigkeit für ihn hat, will ein derartig Verzweifelter ebenfalls nichts davon hören, aber aus einem anderen Grund: gerade dieser Trost würde ja sein Untergang sein — sein Untergang als Einwand gegen das ganze Dasein. Das ist, um es bildlich zu beschreiben, wie wenn einem Schriftsteller ein Schreibfehler unterliefe und dieser sich dessen bewußt würde — vielleicht war es doch eigentlich gar kein Fehler, sondern in einem weit höheren Sinne ein zu der ganzen Darstellung wesentlich Dazugehörendes —, das ist, wie wenn nun dieser Schreibfehler Aufruhr gegen den Verfasser machen, aus Haß gegen ihn sich weigern würde, berichtigt zu werden, und in wahnwitzigem Trotz zu ihm sagen: Nein, ich will nicht ausgelöscht werden, ich will stehenbleiben als ein Zeuge gegen dich, ein Zeuge dafür, daß du nur ein mäßiger Schriftsteller bist.

ZWEITER ABSCHNITT

A. Verzweiflung ist die Sünde

Sünde ist: *vor Gott oder mit der Vorstellung von Gott verzweifelt nicht man selbst sein wollen oder verzweifelt man selbst sein wollen.* Sünde ist so die potenzierte Schwachheit oder der potenzierte Trotz: Sünde ist die Potenzierung der Verzweiflung. Das, worauf der Nachdruck liegt, ist: *vor Gott,* oder daß die Gottesvorstellung mit dabei ist; dasjenige, was dialektisch, ethisch, religiös die Sünde zu dem macht, was die Juristen ‹qualifizierte› Verzweiflung nennen, ist die Gottesvorstellung.

Obgleich in diesem Abschnitt, zumindest doch in A, kein Raum oder Ort für eine psychologische Schilderung ist, muß doch hier als im dialektischsten Grenzgebiet zwischen Verzweiflung und Sünde angeführt werden, was man eine Dichterexistenz in Richtung auf das Religiöse nennen könnte, eine Existenz, die etwas gemeinsam hat mit der Verzweiflung der Resignation, nur daß die Gottesvorstellung mit dabei ist. Eine solche Dichterexistenz würde die eminenteste Dichterexistenz sein, was zu sehen ist an der Konjunktion und Stellung der Kategorien. Christlich betrachtet ist (trotz aller Ästhetik) eine jede Dichterexistenz Sünde, die Sünde: zu dichten, statt zu sein, sich zu dem Guten und Wahren zu verhalten durch die Phantasie, statt es zu sein, d. h. existentiell danach zu streben, es zu sein. Die Dichterexistenz, von der wir hier sprechen, ist von der Verzweiflung darin verschieden, daß die Gottesvorstellung mit ihr gedacht ist oder daß sie vor Gott ist; aber sie ist ungeheuer dialektisch und wie ein undurchdringlich dialektischer Wirrwarr darüber, wieweit sie sich dunkel bewußt ist, Sünde zu sein. Ein solcher Dichter kann ein sehr tiefes religiöses Bedürfnis haben, und die Vorstellung von Gott ist in seine Verzweiflung mit aufgenommen. Er liebt Gott über alles, Gott ist wie sein einziger Trost in seiner heimlichen Qual, und doch liebt er die Qual, er will sie nicht aufgeben. Er will so gerne er selbst vor Gott sein, doch nicht im Hinblick auf den festen Punkt, an dem das Selbst leidet, da will er verzweifelt nicht er selbst sein; er hofft darauf, daß die Ewigkeit dies fortnehmen wird, und hier in der Zeitlichkeit kann er, sosehr er auch darunter leidet, sich nicht dazu entschließen, sein Selbst zu übernehmen, kann sich nicht glaubend darunter demütigen. Und doch bleibt er dabei, sich zu Gott zu verhalten, und dies ist seine einzige Seligkeit; es würde ihm der größte Schrecken sein, Gott entbehren zu müssen, «dies wäre zum Verzweifeln»; und doch erlaubt er sich eigentlich, aber vielleicht unbewußt, Gott eine kleine Spur anders zu dichten, als Gott ist, etwas mehr in der Art eines lieben Vaters, der allzusehr — dem einzigen Wunsch des Kindes sich fügt. Wie einer, der unglücklich in der Liebe wurde und dadurch Dichter wurde, begeistert das Glück der Liebe preist: so wird er der Dichter der Religiosität. Er wurde unglücklich in der Religiosität, er versteht dunkel, daß das, was von ihm verlangt wird, ist, diese Qual aufzugeben, d. h. glaubend sich zu demütigen unter ihr und sie als zum Selbst gehörig zu übernehmen — denn er will sie außerhalb von sich halten, und dadurch hält er sie fest, obwohl er freilich glaubt (was, wie jedes Wort eines Verzweifelten, hinterher richtig und also umgekehrt zu verstehen ist), daß dies bedeuten soll, sich von ihr so gut wie möglich zu trennen, sie aufzugeben, so gut es einem Menschen möglich ist. Aber glaubend sie übernehmen, das kann er nicht, das heißt, das will er im letzten Grunde nicht, oder hier endet sein Selbst in Dunkelheit. Aber wie jenes Dichters Beschreibung der Liebe, so hat dieses Dichters Beschreibung des Religiösen einen Zauber, einen lyrischen Schwung wie die Beschreibung keines Ehemannes und keines Hochehrwürden. Es ist auch nicht unwahr, was er sagt, keineswegs, seine Darstellung ist gerade sein glücklicheres, sein besseres Ich. Er ist im Verhältnis zum Religiösen ein unglücklich Liebender, d. h., er ist nicht im strengen Sinne ein Glaubender; er hat nur das Erste des Glaubens: die Verzweiflung, und in dieser eine brennende Sehnsucht nach dem Religiösen. Seine Kollision ist eigentlich die: Ist er der Berufene, ist der Pfahl im Fleisch der Ausdruck dafür, daß er für das Außerordentliche gebraucht werden soll, ist es für Gott ganz in seiner Ordnung mit dem Außerordentlichen, das er geworden ist? Oder ist der Pfahl im Fleisch das, worunter er sich demütigen soll, um das allgemeine Menschliche zu erreichen? — Doch genug hiervon, ich kann mit dem Nachdruck der Wahrheit sagen: Zu wem rede ich? Solche psychologischen Untersuchungen in der n^{ten} Potenz, wer fragt nach so etwas; die Nürnberger Bilderbogen, die der Pfarrer malt, kann man besser verstehen, sie gleichen allem und jedem geradezu täuschend, Leuten, wie sie meistens sind und, geistig verstanden, nichts.

Erstes Kapitel

Steigerungen im Bewußtsein des Selbst
(Die Bestimmung: vor Gott)

In dem vorhergehenden Abschnitt ist beständig eine Steigerung im Bewußtsein des Selbst nachgewiesen worden; zuerst kam die Unwissenheit darüber, ein ewiges Selbst zu haben (C B a), dann ein Wissen davon, ein Selbst zu haben, worin es doch etwas Ewiges gibt (C B b), und innerhalb dessen (α 1, 2; β) wurden wieder Steigerungen nachgewiesen. Diese ganze Betrachtung muß nun auf eine neue Art dialektisch ausgerichtet werden. Die Sache ist die: Die Steigerung im Bewußtsein des Selbst, mit der wir uns bisher beschäftigt haben, liegt innerhalb der Bestimmung: das menschliche Selbst oder das Selbst, dessen Maßstab der Mensch ist. Aber eine neue Qualität und Qualifikation bekommt dieses Selbst dadurch, daß es Selbst gerade Gott gegenüber ist. Dieses Selbst ist nicht mehr bloß das menschliche Selbst, sondern ist, was ich, in der Hoffnung, nicht mißverstanden zu werden, das theologische Selbst nennen möchte, das Selbst gerade Gott gegenüber. Und welche unendliche Realität bekommt das Selbst nicht dadurch, daß es sich bewußt ist, vor Gott dazusein, dadurch, daß es ein menschliches Selbst wird, dessen Maßstab Gott ist! Ein Viehknecht, der (wenn dies möglich wäre) ein Selbst gegenüber Kühen ist, ist ein sehr tiefstehendes Selbst; ein Herrscher, der ein Selbst gegenüber Sklaven ist, ebenfalls und eigentlich gar kein Selbst — denn in beiden Fällen fehlt der Maßstab. Das Kind, das bisher nur den Maßstab der Eltern hatte, wird Selbst, indem es als Mann den Staat zum Maßstab bekommt; aber welcher unendliche Akzent fällt auf das Selbst, indem es Gott zum Maßstab bekommt! Der Maßstab für das Selbst ist allezeit: was dasjenige ist, dem gegenüber es Selbst ist, aber dies ist ja wiederum die Definition dessen, was ‹Maßstab› ist. Wie man nur gleichartige Größen addieren kann, so ist jedes Ding qualitativ dasjenige, womit es gemessen wird; und das, was qualitativ sein Maßstab ist, ist ethisch sein Maß (Ziel); und der Maßstab und das Maß sind qualitativ das, was etwas ist, mit Ausnahme des Verhältnisses in der Welt der Freiheit, wo indessen einer dadurch, daß er nicht qualitativ das ist, was sein Maß oder Maßstab ist, selbst diese Disqualifikation verschuldet haben muß, so daß Maß und Maßstab doch — urteilend dieselben bleiben, es offenbar machen, was es ist, das er nicht ist, das nämlich, was sein Maß und Maßstab ist.

Das war ein sehr richtiger Gedanke, auf den die ältere Dogmatik so oft zurückkam, während eine neuere Dogmatik sich so oft darüber aufhielt, weil ihr das Verstehen und der Sinn dafür fehlten — es war ein sehr richtiger Gedanke, wenn auch zuweilen eine verkehrte Anwendung davon gemacht wurde: dasjenige, was die Sünde zu dem Furchtbaren mache, sei, daß sie vor Gott geschehe. Daraus bewies man dann die Ewigkeit der Höllenstrafen. Später wurde man gescheit und sagte: Sünde ist Sünde; die Sünde ist nicht größer, weil sie gegen Gott oder vor Gott geschieht. Sonderbar! Selbst die Juristen sprechen von qualifizierten Verbrechen, selbst die Juristen machen einen Unterschied, ob ein Verbrechen zum Beispiel verübt wird gegen eine Amtsperson oder gegen einen Privatmann, sie machen einen Unterschied in der Strafe für einen Vatermord und einen gewöhnlichen Mord.

Nein, darin hatte die ältere Dogmatik recht, daß dies, daß die Sünde gegen Gott geschieht, sie unendlich potenziert. Der Fehler lag darin, daß man Gott als etwas Äußeres betrachtete, und darin, daß es war, als ob man annähme, nur zuweilen werde gegen Gott gesündigt. Aber Gott ist nicht etwas Äußeres in dem Sinne wie ein Polizist. Das, worauf gesehen werden muß, ist, daß das Selbst eine Vorstellung von Gott hat und daß es dann dennoch nicht so will, wie er will, daß es dann doch ungehorsam ist. Es ist auch nicht so, daß nur zuweilen vor Gott gesündigt wird; denn jede Sünde ist vor Gott, oder richtiger, das, was eigentlich die menschliche Schuld zur Sünde macht, ist, daß der Schuldige das Bewußtsein hat, vor Gott dazusein.

Die Verzweiflung wird potenziert im Verhältnis zum Bewußtsein vom Selbst; aber das Selbst wird potenziert im Verhältnis zum Maßstab für das Selbst und wird unendlich potenziert, wenn Gott der Maßstab ist. Je mehr Gottesvorstellung, desto mehr Selbst; je mehr Selbst, desto mehr Gottesvorstellung. Erst wenn ein Selbst als dieses bestimmte einzelne sich bewußt ist, vor Gott dazusein, erst dann ist es das unendliche Selbst; und dieses Selbst sündigt dann vor Gott. Das Selbstische des Heidentums ist deshalb trotz allem, was darüber gesagt werden kann, doch nicht annähernd so qualifiziert wie das des Christentums, sofern auch hier Selbstsucht ist; denn der Heide hatte nicht sein Selbst gerade Gott gegenüber. Der Heide und der natürliche Mensch hat bloß das menschliche Selbst zum Maßstab. Man kann deshalb wohl recht haben, wenn man von einem höheren Gesichtspunkt aus das Heidentum als in Sünden liegend ansieht, aber die Sünde des Heidentums war eigentlich das verzweifelte Nicht-von-

Gott-Wissen, die Unwissenheit darüber, vor Gott dazusein; sie ist: «ohne Gott in der Welt sein». Aber auf der anderen Seite ist es deshalb wahr, daß der Heide nicht im strengsten Sinne sündigte, denn er sündigte nicht vor Gott; und alle Sünde geschieht vor Gott. Es ist ferner auch in bestimmtem Sinne ganz gewiß, daß einem Heiden viele Male geholfen wurde, sozusagen untadelig durch die Welt zu kommen, gerade weil seine pelagianisch-leichtsinnige Vorstellung ihn erlöste; aber dann ist seine Sünde eine andere: diese pelagianisch-leichtsinnige Auffassung [die Pelagianer leugneten die Erbsünde]. Dagegen ist es auf der anderen Seite auch ganz gewiß, daß ein Mensch manches Mal gerade dadurch, daß er streng im Christentum erzogen wurde, in einem bestimmten Sinne in Sünde fiel, weil die ganze christliche Anschauung ihm zu ernst war, besonders in einer frühen Zeit seines Lebens; aber dann ist dies doch in einem anderen Sinne wieder eine gewisse Hilfe für ihn, diese tiefere Vorstellung dessen, was Sünde ist.

Sünde ist: vor Gott verzweifelt nicht man selbst sein wollen oder vor Gott verzweifelt man selbst sein wollen. Ist aber diese Definition nicht zu geistlich, mag auch in anderer Hinsicht von ihr zugegeben werden, daß sie ihre Vorzüge hat (und darunter der wichtigste von allen, die einzig schriftgemäße zu sein; denn die Schrift definiert immer die Sünde als Ungehorsam)? Darauf muß zuallererst geantwortet werden: Eine Definition der Sünde kann niemals zu geistig sein (wenn sie nicht so geistig wird, daß sie die Sünde abschafft); denn Sünde ist gerade eine Bestimmung von Geist. Und danach, weshalb sollte sie denn zu geistig sein? Weil sie nicht spricht von Mord, Diebstahl, Unzucht und dergleichen? Aber redet sie denn nicht davon? Ist das alles nicht auch Eigenmächtigkeit gegen Gott, ein Ungehorsam, der seinem Gebot trotzt? Wenn dagegen beim Reden über Sünde nur von solchen Sünden gesprochen wird, vergißt man so leicht, daß in der Hinsicht alles bis zu einem gewissen Grad, menschlich gesprochen, in Ordnung sein kann und doch das ganze Leben Sünde, die bekannte Art von Sünde: die glänzenden Laster, die Selbstherrlichkeit, die entweder geistlos oder frech unwissend bleibt oder sein will darüber, in welchem unendlich tieferen Sinne ein menschliches Selbst Gott zu Gehorsam verpflichtet ist in bezug auf jeden seiner einsamsten Wünsche und Gedanken, auf Hellhörigkeit im Verstehen und Willigkeit, jedem der kleinsten Winke Gottes darüber zu folgen, was sein Wille mit diesem Selbst ist. Die Sünden des Fleisches sind die Eigenmächtigkeit des niederen Selbstes; aber wie oft wird nicht ein Teufel mit Hilfe des Teufels ausgetrieben, und das Letzte wird schlimmer als das Erste. Denn so geht es ja eben zu in der Welt: zuerst sündigt ein Mensch aus Gebrechlichkeit und Schwachheit; und dann — ja, dann lernt er vielleicht, zu Gott zu fliehen, und ihm wird zum Glauben geholfen, der von aller Sünde erlöst; aber darüber sprechen wir hier jetzt nicht — dann verzweifelt er über seine Schwachheit und wird entweder ein Pharisäer, der es verzweifelt zu einer gewissen legalen Gerechtigkeit bringt, oder er stürzt sich verzweifelt wieder in die Sünde.

Die Definition umfaßt daher jede denkbare und jede wirkliche Form von Sünde; sie hebt jedoch richtig das Entscheidende heraus, daß Sünde Verzweiflung ist (denn Sünde ist nicht Fleisch und die Wildheit des Blutes, sondern sie ist die Zustimmung des Geistes dazu) und daß sie vor Gott ist. Als Definition ist sie Buchstabenrechnung; es würde in dieser kleinen Schrift deplaciert sein und deshalb ein Versuch, der mißglücken müßte, wenn ich beginnen wollte, die einzelnen Sünden zu beschreiben. Die Hauptsache ist hier nur, daß die Definition wie ein Netz alle Formen umfaßt. Und das tut sie, was auch zu sehen ist, wenn man die Probe macht, indem man ihr den Gegensatz gegenüberstellt, die Definition des Glaubens, nach welcher ich in dieser ganzen Schrift steuere wie nach einem sicheren Seezeichen. Glaube ist: daß das Selbst, indem es es selbst ist und es selbst sein will, durchsichtig in Gott gründet.

Dies aber ist oft genug übersehen worden, daß der Gegensatz zur Sünde keineswegs Tugend ist. Dies ist teils eine heidnische Anschauungsweise, die sich mit einem bloß menschlichen Maßstab begnügt, die gerade nicht weiß, was Sünde ist, daß alle Sünde vor Gott geschieht. Nein, *der Gegensatz zur Sünde ist Glaube*, wie es deshalb Röm. 14, 23 heißt: Alles, was nicht aus dem Glauben ist, ist Sünde. Und dies ist eine der entscheidendsten Bestimmungen für das ganze Christentum, daß der Gegensatz zur Sünde nicht Tugend ist, sondern Glaube.

Beilage

Die Definition der Sünde hat die Möglichkeit des Ärgernisses in sich; eine allgemeine Bemerkung über Ärgernis

Der Gegensatz: Sünde — Glaube ist der christliche, der, christlich, alle ethischen Begriffsbestimmungen umbildet, ihnen einen Qualitätsgrad mehr gibt. Dem Gegensatz zugrunde liegt das entscheidende Christliche: vor Gott, welche Bestimmung wiederum das entscheidende Kriterium des Christlichen hat: das Absurde, das Paradox, die Möglichkeit des Ärgernisses. Und es ist von äußerster Wichtigkeit, daß dies bei jeder Bestimmung des Christlichen aufgezeigt wird, da das Ärgernis der Schutz des Christlichen gegen alle Spekulation ist. Wo ist hier die Möglichkeit des Ärgernisses? Sie besteht darin, daß ein Mensch die Realität haben solle: als *einzelner* Mensch Gott gegenüber dazusein, und also wiederum, was daraus folgt, daß die Sünde des Menschen Gott beschäftigen solle. Dies, über den einzelnen Menschen — vor Gott, bekommt die Spekulation niemals in ihren Kopf hinein; sie weitet nur den einzelnen Menschen phantastisch zum ganzen Geschlecht aus. Gerade deshalb fand auch ein abergläubisches Christentum heraus, daß Sünde Sünde sei, ob sie Gott gegenüber geschehe oder nicht, nehme der Sache nichts weg und füge ihr nichts zu. Das will sagen, man möchte die Bestimmung ‹vor Gott› weghaben, und dazu erfand man eine höhere Weisheit, die doch, höchst sonderbar, weder mehr noch weniger war, als was die gewöhnliche Weisheit am häufigsten ist, das alte Heidentum.

Es ist schon so oft davon gesprochen worden, daß man sich am Christentum ärgere, weil es so finster und dunkel ist, man ärgere sich an ihm, weil es so streng usw. ist; doch wird es am richtigsten sein, einmal aufzuklären, daß der Grund, warum der Mensch eigentlich am Christentum Ärgernis nimmt, darin liegt, daß es zu hoch ist, weil sein Ziel nicht das Ziel des Menschen ist, weil es den Menschen zu etwas so Außerordentlichem machen will, daß es ihm nicht in seinen Kopf hinein will. Dies wird auch eine ganz einfache psychologische Entwicklung dessen, was Ärgernis ist, aufklären, sie wird zugleich zeigen, wie unendlich töricht man sich bei der Verteidigung des Christentums benommen hat, indem man das Ärgernis wegnahm; wie dumm oder frech man die eigene Anweisung Christi ignoriert hat, der oft so bekümmert vor dem Ärgernis warnt, d. h. selbst darauf hinweist, daß seine Möglichkeit da ist und dasein soll; denn soll sie nicht dasein, ist sie nicht ein ewig wesentlich zum Christentum Zugehöriges, dann ist es ja menschlich Unsinn von Christus: statt das Ärgernis wegzunehmen, bekümmert daherzugehen und davor zu warnen.

Wenn ich mir einen armen Tagelöhner denke und den mächtigsten Kaiser, der jemals gelebt hat, und dieser mächtigste Kaiser hätte plötzlich den Einfall, den Tagelöhner holen zu lassen, der niemals davon geträumt hatte und «in dessen Herz es nie gekommen ist» [1.

Kor. 2, 9], der Kaiser wüßte, daß er überhaupt existiere, der sich unsagbar glücklich preisen würde, bloß einmal im Leben den Kaiser sehen zu dürfen, was er dann Kindern und Kindeskindern als das wichtigste Ereignis seines Lebens erzählen würde — wenn der Kaiser ihn holen ließe und ihm zu wissen gäbe, daß er ihn zum Schwiegersohn haben wolle: was dann? Dann würde der Tagelöhner, menschlich gesprochen, ziemlich verlegen, flau und geniert dadurch sein, es würde ihm (und dies ist das Menschliche), menschlich, als etwas höchst Sonderbares und Wahnwitziges erscheinen, wovon er um keinen Preis zu einem anderen Menschen reden möchte, da er selbst bereits in seinem stillen Sinn nicht weit ab von der Erklärung wäre, die Nachbar und Gegenüber so schnell wie möglich weiterverbreiten würden: daß der Kaiser ihn zum Narren halten wolle, so daß der Tagelöhner zum Gelächter der ganzen Stadt würde, er in der Tageszeitung karikiert und die Historie seiner Vermählung mit der Tochter des Kaisers von den Bänkelsängern verkauft würde. Doch müßte es schnell eine äußere Wirklichkeit werden, daß er des Kaisers Schwiegersohn würde, damit der Tagelöhner auf sinnliche Weise sich dessen vergewissern könnte, wieweit es dem Kaiser Ernst damit sei oder ob er diesen armen Menschen bloß zum besten haben wollte, ihn unglücklich für sein ganzes Leben machen und ihm dazu verhelfen wollte, in einem Irrenhaus zu enden; denn das *quid nimis* [Allzuviel] ist vorhanden, das so unendlich leicht in seinen Gegensatz umschlagen kann. Einen kleinen Gnadenerweis, den würde der Tagelöhner begreifen können; der würde in der Kleinstadt verstanden werden, und zwar vom hochgeehrten, gebildeten Publikum, von all den Bänkelsängern, kurz, den 5 mal 100 000 Menschen, die in jener Ortschaft wohnten, die freilich, was die Volksmenge angeht, doch eine sehr große Stadt war, dagegen, was das Verständnis und den Sinn für das Außerordentliche angeht, eine sehr kleine Kreisstadt — aber dies, des Kaisers Schwiegersohn werden, ja, das war viel zuviel. Und gesetzt nun, es wäre keine äußere Wirklichkeit, wovon die Rede wäre, sondern eine innere, so daß also die Tatsächlichkeit dem Tagelöhner nicht zur Gewißheit helfen könnte, sondern der Glaube selbst die einzige Faktizität wäre und also alles dem Glauben überlassen, ob er demütigen Mut genug hätte, dies zu glauben (denn frecher Mut kann nicht zum *Glauben* helfen): wie viele Tagelöhner gäbe es dann, die diesen Mut hätten? Derjenige aber, der diesen Mut nicht hätte, würde Ärgernis nehmen; dieses Außerordentliche würde für ihn fast wie eine Verspottung klingen. Er würde dann vielleicht ehrlich und geradezu gestehen: So etwas ist mir zu hoch, es will nicht in meinen Kopf hinein, es ist mir, um es geradeheraus zu sagen, eine Torheit.

Und nun das Christentum! Das Christentum lehrt, daß dieser einzelne Mensch, und so jeder einzelne Mensch, was er im übrigen auch sein mag, Mann, Frau, Dienstmädchen, Minister, Kaufmann, Barbier, Student usw., daß dieser einzelne Mensch *vor Gott* da ist — dieser einzelne Mensch, der vielleicht stolz sein würde, einmal in seinem Leben mit dem König gesprochen zu haben, dieser Mensch, der sich nicht wenig darauf einbildet, auf vertrautem Fuß mit dem und dem zu leben, dieser Mensch ist vor Gott da, kann mit Gott reden, jeden Augenblick, den er will, dessen sicher, von ihm gehört zu werden, kurz, diesem Menschen wird es angeboten, auf dem vertrautesten Fuß mit Gott zu leben! Weiter, auch um dieses Menschen Schuld willen kommt Gott zur Welt, läßt sich gebären, leidet, stirbt; und dieser leidende Gott bittet und fleht nahezu diesen Menschen an, doch die Hilfe entgegenzunehmen, die ihm angeboten wird! Wahrlich, wenn es etwas gibt, worüber man den Verstand verlieren kann, dann doch wohl dies! Jeder, der nicht den demütigen Mut hat, zu wagen, dies zu glauben, der nimmt Ärgernis. Aber warum nimmt er Ärgernis? Weil ihm dies zu hoch ist, weil es nicht in seinen Kopf hinein will, weil er nicht die Offenheit demgegenüber gewinnen kann und es deshalb weg haben, zu Nichts gemacht haben muß, zu Irrsinn und Nonsens, denn es ist, als sollte es ihn ersticken.

Denn was ist Ärgernis? Ärgernis ist unglückliche Bewunderung. Es ist deshalb verwandt mit Mißgunst, aber es ist eine Mißgunst, die sich gegen einen selbst wendet, in noch strengerem Sinne, am schlimmsten gegen sich selbst. Die Engherzigkeit des natürlichen Menschen kann sich dies Außerordentliche nicht gönnen, das Gott ihm zugedacht hat; so nimmt er Ärgernis.

Der Grad des Ärgernisses hängt nun davon ab, wieviel Leidenschaft im Verhältnis zur Bewunderung ein Mensch hat. Prosaischer veranlagte Menschen ohne Phantasie und Leidenschaft, die also nicht recht befähigt sind zu bewundern, die nehmen wohl auch Ärgernis, aber sie beschränken sich darauf, zu sagen: Dies will nicht in meinen Kopf hinein, ich lasse es stehen. Das sind die Skeptiker. Je mehr Leidenschaft und Phantasie aber ein Mensch hat, je näher er also in einem gewissen Sinne, nämlich in der Möglichkeit, daran ist, glauben zu können, nota bene, indem er anbetend sich unter das Außerordentliche demütigt, desto leidenschaftlicher die Verärgerung, die sich zum Schluß nicht mit weniger zufriedengeben kann, als dies mit der Wurzel auszureißen, zu vernichten, in den Schmutz zu treten.

Will man die Verärgerung verstehen lernen, so studiere man die menschliche Mißgunst, ein Studium, das ich zum Auswendiglernen empfehle und das ich mir einbilde, gründlich absolviert zu haben. Mißgunst ist versteckte Bewunderung. Ein Bewundernder, der fühlt, daß er nicht glücklich werden kann durch die Hingabe, entscheidet sich dafür, neidisch zu werden auf das, was er bewundert. So redet er eine andere Sprache; in seiner Sprache heißt es jetzt, daß dasjenige, was er eigentlich bewundert, nichts ist, etwas Dummes und Flaues und Abseitiges und Überspanntes. Bewunderung ist glückliche Selbstpreisgabe, Mißgunst unglückliche Selbstbehauptung.

So auch mit dem Ärgernis; denn was im Verhältnis zwischen Mensch und Mensch Bewunderung — Mißgunst ist, das ist im Verhältnis zwischen Gott und Mensch Anbetung — Ärgernis. Summa summarum aller menschlichen Weisheit ist dieses «goldene» oder vielleicht richtiger doublé-goldene *ne quid nimis*, zuwenig und zuviel verdirbt alles. Dies wird von Mann zu Mann als Weisheit ausgegeben und mit Bewunderung honoriert; sein Kurs schwankt niemals, die ganze Menschheit garantiert seinen Wert. Es lebt einmal ein Genie, das ein bißchen darüber hinausgeht, es wird für verrückt erklärt — von den Klugen. Aber das Christentum macht einen ungeheuren Riesenschritt über dieses *ne quid nimis* hinaus, hinein in das Absurde; da beginnt das Christentum und das Ärgernis.

Man sieht jetzt, wie (damit doch etwas Außerordentliches übrigbleiben möge), wie außerordentlich dumm es ist, das Christentum zu verteidigen, wie wenig Menschenkenntnis dies verrät, wie dies, wenn auch unbewußt, unter einer Decke mit dem Ärgernis steckt, indem es das Christliche zu etwas so Kümmerlichem macht, daß es schließlich durch eine Verteidigung gerettet werden muß. Deshalb ist es gewiß und wahr, daß der, der zuerst darauf kam, in der Christenheit das Christentum zu verteidigen, *de facto* ein Judas Nr. 2 ist; auch er verrät durch einen Kuß, nur daß seine Verräterei die der Dummheit ist. Etwas verteidigen ist immer es herabwürdigen. Laß jemand einen Speicher voll von Gold haben, laß ihn willig sein, jeden einzelnen Dukaten für die Armen auszugeben — aber laß ihn dabei dumm genug sein, sein wohltätiges Unternehmen mit einer Verteidigung zu beginnen, worin er aus drei Gründen das Vertretbare darin beweist: und es wird nicht weit davon sein, daß die Menschen es beinahe zweifelhaft finden, ob er etwas Gutes tut. Aber nun das Christliche!

Ja, wer es verteidigt, der hat niemals daran geglaubt. Glaubt er, dann ist die Begeisterung des Glaubens — nicht eine Verteidigung, nein, sie ist Angriff und Sieg; ein Glaubender ist ein Sieger.

So mit dem Christlichen und dem Ärgernis. Dessen Möglichkeit ist ganz richtig vorhanden in der christlichen Definition der Sünde. Es ist dies: vor Gott. Ein Heide, der natürliche Mensch ist sehr willig, einzuräumen, daß Sünde da ist, aber dieses ‹vor Gott›, das doch eigentlich die Sünde zur Sünde macht, das ist ihm viel zuviel. Es heißt ihm (wenn auch auf andere Weise als die hier nachgewiesene) viel zuviel aus dem Menschsein machen; etwas weniger, da ist er willig, darauf einzugehen — «aber zuviel ist zuviel».

Zweites Kapitel

Die sokratische Definition der Sünde

Sünde ist Unwissenheit. Dies ist, wie bekannt, die sokratische Definition, die wie alles Sokratische immer eine Instanz ist, die beachtenswert ist. Indessen ist es in bezug auf dies Sokratische gegangen wie in bezug auf vieles andere Sokratische, man hat das Bedürfnis zu verspüren gelernt, weiter zu gehen. Wie unzählig viele haben nicht den Drang gefühlt, weiter zu gehen als die sokratische Unwissenheit — vermutlich, weil sie fühlten, daß es ihnen eine Unmöglichkeit war, dabei stehenzubleiben; denn wie viele gibt es wohl in jeder Generation, die imstande wären, bloß einen Monat auszuhalten, existentiell Unwissenheit über alles auszudrücken.

Die sokratische Definition will ich deshalb keineswegs damit abfertigen, daß man nicht bei ihr stehenbleiben kann; sondern mit dem Christlichen *in mente* will ich sie benutzen, dieses in seiner Schärfe herauszustellen — gerade weil die sokratische Definition so echt griechisch ist; so daß hier wie allezeit jede andere Definition, die nicht im strengsten Sinne streng christlich ist, d. h. jede Zwischen-Definition, sich als leer erweist.

Die Mißlichkeit bei dieser sokratischen Definition ist nun, daß sie es unbestimmt läßt, wie die Unwissenheit selbst näher zu verstehen ist, ihr Ursprung usw. Dies will sagen, selbst wenn die Sünde Unwissenheit ist (oder was das Christentum vielleicht eher Dummheit nennen würde), was in bestimmtem Sinne sich gar nicht leugnen läßt: Ist dies eine ursprüngliche Unwissenheit, ist der Zustand also ein solcher des Menschen, der von der Wahrheit nicht gewußt hat und bis dahin auch nichts wissen konnte; oder ist es eine erzeugte, eine spätere Unwissenheit? Ist sie das letztere, dann muß ja die Sünde eigentlich in etwas anderem als in der Unwissenheit stecken, sie muß in derjenigen Wirksamkeit im Menschen stecken, durch welche er daran gearbeitet hat, seine Erkenntnis zu verdunkeln. Aber auch dies angenommen, kommt jene hartnäckige und sehr zählebige Mißlichkeit wieder, indem die Frage entsteht, ob ein Mensch in dem Augenblick, als er begann, seine Erkenntnis zu verdunkeln, sich dessen deutlich bewußt ist. Ist er sich dessen nicht deutlich bewußt, so ist ja die Erkenntnis bereits etwas Verdunkeltes, ehe er damit anfing; und die Frage kommt bloß wieder zurück. Wird dagegen angenommen, daß er, wenn er die Erkenntnis zu verdunkeln beginnt, sich dessen deutlich bewußt ist, so liegt ja die Sünde (wenn sie auch Unwissenheit ist, soweit diese ihr Resultat ist) nicht in der Erkenntnis, sondern im Willen, und die Frage, die auftreten muß, ist die nach dem Verhältnis der Erkenntnis und des Willens zueinander. Auf alles solches (und hier könnte man viele Tage fortfahren zu fragen) läßt die sokratische Definition sich eigentlich nicht ein. Sokrates war freilich ein Ethiker (was das Altertum ihm ja unbedingt zubilligt, dem Erfinder der Ethik), der erste, der er ist und bleibt, der erste seiner Art; aber er beginnt mit der Unwissenheit. Intellektuell ist es die Unwissenheit, zu der er tendiert, dies, nichts zu wissen. Ethisch versteht er unter Unwissenheit etwas ganz anderes und beginnt dann mit dieser. Jedoch, Sokrates ist natürlich kein wesentlich religiöser Ethiker, noch weniger, was dabei das Christliche ist, ein Dogmatiker. Deshalb kommt er eigentlich überhaupt nicht in die ganze Untersuchung hinein, mit der das Christentum anfängt, nicht hinein in das Prius, in welchem die Sünde sich selbst voraussetzt und das christlich im Dogma von der Erbsünde erklärt wird, zu welchem Dogma wir in dieser Untersuchung doch bloß wie zu einer Grenze kommen.

Sokrates kommt deshalb eigentlich nicht zur Bestimmung Sünde, was gewiß eine Mißlichkeit ist bei einer Definition der Sünde. Woher dies? Ist nämlich die Sünde Unwissenheit, so ist ja Sünde eigentlich nicht da; denn Sünde ist ja gerade Bewußtsein. Ist Sünde dies, unwissend zu sein über das Richtige, so daß man deshalb das Unrichtige tut, so ist die Sünde nicht da. Ist dies Sünde, dann wird ja angenommen, was Sokrates auch annahm, der Fall komme nicht vor, daß einer mit Wissen des Richtigen das Unrichtige tut oder mit Wissen, daß dies das Unrechte ist, dieses Unrechte tut. Wenn also die sokratische Definition richtig ist, dann ist Sünde überhaupt nicht da. Aber siehe, dies, gerade dies ist christlich ganz in seiner Ordnung, in einem tieferen Sinne ganz richtig, in christlichem Interesse, *quod erat demonstrandum* [was zu beweisen war]. Gerade der Begriff, durch den das Christentum sich am entschiedensten qualitativ vom Heidentum unterscheidet, ist: die Sünde, die Lehre von der Sünde; und deshalb nimmt das Christentum auch ganz konsequent an, daß weder das Heidentum noch der natürliche Mensch weiß, was Sünde ist, ja, es nimmt an, daß es einer Offenbarung von Gott bedarf, um offenbar zu machen, was Sünde ist. Es ist nämlich nicht so, wie eine oberflächliche Betrachtung annimmt, daß die Lehre von der Versöhnung die qualitative Differenz zwischen Heidentum und Christentum ist. Nein, der Anfang muß weit tiefer gemacht werden, bei der Sünde, bei der Lehre von der Sünde, wie es im Christentum auch geschieht. Welch ein gefährlicher Einwand wäre es deshalb gegen das Christentum, wenn das Heidentum eine Definition der Sünde hätte, die das Christentum als richtig anerkennen müßte.

Was ist es also für eine Bestimmung, die Sokrates beim Bestimmen der Sünde fehlt? Es ist: der Wille, Trotz. Die griechische Intellektualität war zu glücklich, zu naiv, zu ästhetisch, zu ironisch, zu witzig — zu sündig, als daß es ihr in den Kopf gegangen wäre, einer könne trotz seines Wissens es unterlassen, das Gute zu tun, oder trotz seines Wissens, mit Wissen des Rechten das Unrechte tun. Die Gräzität statuiert einen intellektuellen kategorischen Imperativ.

Das Wahre hierin darf nun keinesfalls übersehen und muß notwendig eingeschärft werden in Zeiten wie diesen, die in die Irre gelaufen sind in einem sehr leeren, aufgeblasenen und unfruchtbaren Wissen, so daß es besonders jetzt, ganz wie zur Zeit des Sokrates, nur noch mehr, notwendig geworden ist, daß die Menschen ein kleines bißchen sokratisch ausgehungert werden. Man kann darüber sowohl lachen wie weinen, sowohl über alle diese Versicherungen, das Höchste verstanden und begriffen zu haben, wie auch über die Virtuosität, mit welcher viele *in abstracto* dies wissen und darstellen, in einem gewissen Sinne ganz richtig — man kann darüber sowohl lachen wie weinen, wenn man dann sieht, daß all dieses Wissen und Verstehen überhaupt keine Macht über das Leben der Menschen ausübt, daß dieses Leben nicht im entferntesten ausdrückt, was sie verstanden haben, sondern eher gerade das Entgegengesetzte. Man bricht beim Anblick dieses ebenso betrüblichen wie lächerlichen Mißverhältnisses unwillkürlich in die Worte aus: Aber wie in aller Welt ist es doch möglich, daß sie dies verstanden haben können, ist es auch wahr, daß sie es verstanden haben? Hier antwortet jener alte Ironiker und Ethiker: O Lieber, glaube das doch niemals; sie haben es nicht verstanden, denn hätten sie es in Wahrheit verstanden, so würde ihr Leben es auch ausdrücken, so führten sie aus, was sie verstanden hätten.

Verstehen und Verstehen sind also zwei Dinge? Ganz gewiß; und wer dies verstanden hat — doch wohlgemerkt nicht im Sinne der ersten Art von Verstehen —, der ist *eo ipso* in alle Geheimnisse der Ironie eingeweiht. Es ist eigentlich dieser Widerspruch, der die Ironie beschäftigt. Es komisch zu verstehen, daß ein Mensch über etwas wirklich in Unwissenheit ist, ist eine sehr niedere Art von Komik und unter der Würde der Ironie. Eine tiefere Komik ist eigentlich nicht darin, daß Menschen gelebt haben, die annahmen, die Erde stehe stille — wenn sie es nicht besser wußten. Das wird unserer Zeit vermutlich wieder ähnlich ergehen im Verhältnis zu einer physikalisch fortgeschritteneren Zeit. Der Widerspruch, der zwischen zwei verschiedenen Zeiten besteht, die eines tieferen Vergleichspunktes ermangeln, ein solcher Widerspruch ist nicht wesentlich und also auch nicht wesentlich komisch. Nein, aber daß ein Mensch sich hinstellt und das Richtige sagt — und es also verstanden hat; und wenn er dann handeln soll, das Unrichtige tut — und also beweist, daß er es nicht verstanden hat: ja, das ist unendlich komisch. Es ist unendlich komisch, daß ein Mensch zu Tränen gerührt, so daß also nicht nur der Schweiß, sondern auch die Tränen von ihm herabregnen, dasitzen kann und die Darstellung der Selbstverleugnung lesen oder hören kann von dem Edlen, das darin liegt, sein Leben für die Wahrheit zu opfern — und dann im nächsten Augenblick, wuppdich, eins, zwei, drei, fast noch mit Tränen in den Augen, in voller Fahrt ist, im Schweiße seines Angesichts nach seinen dürftigen Umständen der Unwahrheit zum Sieg zu verhelfen. Es ist unendlich komisch, wenn ein Redner mit Wahrheit in Stimme und Mimik, tief ergriffen und tief ergreifend, erschütternd das Wahre darstellen kann, all dem Bösen, allen Höllenmächten unter die Augen treten kann mit Nachdruck in seiner Gestalt, mit Mut in seinem Blick, mit einer Richtigkeit in seinem Auftreten, die bewundernswert ist — es ist unendlich komisch, wenn er fast im selben Augenblick, fast noch mit der ‹Adrienne› [1]

---

[1] Morgenrock in Holbergschen Komödien, ironisch für Talar des Predigers.

angetan, feige und furchtsam weglaufen kann vor der kleinsten Unbill. Es ist unendlich komisch, daß jemand die ganze Wahrheit verstehen kann, wie erbärmlich und kleinlich die Welt ist usw. — daß er dies verstehen und dann das nicht wiedererkennen kann, was er verstanden hat; denn fast im gleichen Augenblick geht er selbst hin und nimmt teil an der gleichen Kleinlichkeit und Erbärmlichkeit, nimmt Ehre von ihr und wird von ihr geehrt, d. h. erkennt sie an. Oh, wenn man jemanden sieht, der immerzu beteuert, er habe verstanden, wie Jesus umherging in geringer Knechtsgestalt, arm, verachtet, verspottet, wie die Schrift sagt: bespuckt — wenn ich dann denselben Menschen so sorgfältig seine Zuflucht dort nehmen sehe, wo es weltlich gut zu sein ist, sich da sicher einrichten sehe, wenn ich ihn so ängstlich, als gälte es das Leben, jedem ungünstigen Windhauch von rechts oder links entfliehen sehe, so glückselig, so höchst glückselig, so herzensfroh — ja, um es vollständig zu machen, so herzensfroh, daß er sogar Gott gerührt dafür dankt —, so unbedingt von allen, allen geehrt und angesehen zu sein: da habe ich oft zu mir und bei mir selbst gesagt: «Sokrates, Sokrates, Sokrates, sollte es möglich sein, daß dieser Mensch verstanden hat, was er verstanden zu haben behauptet?» So habe ich gesagt, ja, ich habe zugleich gewünscht, daß Sokrates recht hätte. Denn es ist mir doch, als wäre das Christentum zu streng, ja, ich kann es auch nicht mit meiner Erfahrung in Einklang bringen, einen solchen zu einem Heuchler zu machen. Nein, Sokrates, ich kann dich verstehen; du machst ihn zu einem Spaßmacher, einer Art lustigem Bruder, du machst ihn zu einer Beute des Gelächters, du hast nichts dagegen, es hat sogar deinen Beifall, daß ich ihn komisch serviere und anrichte — das will sagen, wenn ich es gut mache.

Sokrates, Sokrates, Sokrates! Ja, man muß freilich deinen Namen dreimal nennen, es wäre nicht zuviel, ihn zehnmal zu nennen, wenn das etwas helfen könnte. Man meint, die Welt brauche eine Republik, und man meint, man brauche eine neue Gesellschaftsordnung und eine neue Religion: aber niemand denkt daran, daß es gerade ein Sokrates ist, was diese durch viel Wissen verwirrte Welt braucht. Doch dies versteht sich, dächte jemand daran, und noch viel mehr, wenn viele daran dächten, dann würde er weniger nötig sein. Das, was eine Verwirrung am meisten braucht, ist immer das, woran sie am wenigsten denkt — natürlich, denn sonst wäre es ja keine Verwirrung.

Also solch eine ironisch-ethische Korrektur könnte unsere Zeit sehr gut brauchen, dies ist eigentlich das einzige, was sie nötig hat — denn es ist offenbar das, woran sie am wenigsten denkt; es wäre höchst nötig, daß wir, statt weiter zu gehen als Sokrates, bloß zu diesem Sokratischen zurückkämen: daß Verstehen und Verstehen zweierlei ist, — nicht als ein Resultat, das schließlich die Menschen in das tiefste Elend hineinbringt, da es gerade den Unterschied zwischen Verstehen und Verstehen aufhebt, sondern als die ethische Auffassung der Alltäglichkeit des Lebens.

Die sokratische Definition hilft sich da folgendermaßen. Wenn einer das Rechte nicht tut, dann hat er es auch nicht verstanden; sein Verstehen ist eine Einbildung, seine Beteuerung, verstanden zu haben, ist eine Fehlgerichtetheit; seine wiederholte Beteuerung, zum Teufel auch!, verstanden zu haben, ist ein ungeheures Entferntsein von der Wahrheit auf dem größtmöglichen Umweg. Aber dann ist ja die Definition richtig. Tut einer das Richtige, dann sündigt er wohl nicht, und tut er nicht das Richtige, dann hat er es auch nicht verstanden; hätte er es in Wahrheit verstanden, würde ihn dies bald bewegen, es zu tun, ihn bald zu einer Klangfigur seines Verstehens machen: Also ist Sünde Unwissenheit.

Aber wo steckt da die Mißlichkeit? Sie steckt darin, worauf das Sokratische, aber nur bis zu einem gewissen Grade, selbst aufmerksam ist und wofür es Abhilfe sucht, darin, daß eine dialektische Bestimmung fehlt, die den Übergang betrifft zwischen dem, etwas verstanden zu haben, und dem, es auszuführen. In diesem Übergang beginnt das Christliche; indem es seinen Weg geht, kommt es dahin, nachzuweisen, daß die Sünde im Willen liegt, zum Begriff Trotz; und um dann das Ende richtig zu befestigen, wird das Dogma von der Erbsünde zugefügt — ach, denn das Geheimnis der Spekulation vom Begreifen ist gerade dies, zu nähen, ohne einen festen Ansatzpunkt und ohne einen Knoten in den Faden zu machen, und deshalb kann sie wunderbarerweise dabeibleiben, zu nähen und zu nähen, d. h. den Faden durchzuziehen. Das Christentum dagegen befestigt das Ende mit Hilfe des Paradox.

In der reinen Idealität, wo nicht die Rede ist von dem einzelnen wirklichen Menschen, ist der Übergang notwendig (im System geht ja alles mit Notwendigkeit vor sich), oder es ist überhaupt keine Schwierigkeit verbunden mit dem Übergang vom Verstehen zum Tun. Dies ist die Gräzität (doch nicht die sokratische, denn dazu ist Sokrates zu sehr Ethiker). Und ganz dasselbe ist eigentlich das Geheimnis der ganzen neueren Philosophie; denn das ist dies:

cogito ergo sum, Denken ist Sein (christlich dagegen heißt es: Dir geschehe, wie du geglaubt hast, oder, wie du glaubst, so bist du, Glauben ist Sein). Man wird so sehen, daß die neuere Philosophie weder mehr noch weniger ist als Heidentum. Das ist nun nicht einmal das Schlimmste; mit Sokrates verwandt zu sein ist nicht das Geringste. Aber das gänzlich Unsokratische in der neueren Philosophie ist, daß sie sich und uns einbilden will, daß dies Christentum sei.

In der Welt der Wirklichkeit dagegen, wo von dem einzelnen Menschen die Rede ist, da besteht ein winzig kleiner Übergang vom Verstandenhaben zum Tun, es ist nicht immer *cito citissime*, nicht, um mich in Ermangelung philosophischer Redeweise deutsch auszudrükken, ‹geschwind wie der Wind›. Im Gegenteil, hier beginnt eine sehr weitläufige Geschichte.

Im Geistesleben gibt es keinen Stillstand (eigentlich auch keinen Zustand, alles ist Aktualität); wenn also ein Mensch nicht in derselben Sekunde, da er das Rechte erkannt hat, es ausführt, ja, da kommt dann fürs erste die Erkenntnis aus dem Kochen. Und danach entsteht die Frage: Wie denkt der Wille über das Erkannte? Der Wille ist etwas Dialektisches und hat wiederum unter sich die ganze niedere Natur im Menschen. Gefällt ihm nun das Erkannte nicht, so folgt daraus wohl nicht, daß der Wille hingeht und das Entgegengesetzte tut von dem, was die Erkenntnis verstand, so starke Gegensätze kommen nur selten vor; aber dann läßt der Wille einige Zeit hingehen, es entsteht ein Interim, es heißt, wir wollen das doch bis morgen überlegen. Bei all dem wird die Erkenntnis dunkler und dunkler, und das Niedere siegt immer mehr; denn ach, das Gute muß gleich getan werden, gleich, indem es erkannt wird (und deshalb geht es in der reinen Idealität so leicht mit dem Übergang vom Denken zum Sein, denn da geschieht alles sofort), aber das Niedere hat seine Stärke darin, alles in die Länge zu ziehen. In dieser Form hat der Wille nichts dagegen, daß es geschieht, er sieht dabei fast durch die Finger. Und wenn dann die Erkenntnis gehörig dunkel geworden ist, dann können Erkenntnis und Wille einander besser verstehen; zum Schluß sind sie ganz einig geworden, denn jetzt ist die Erkenntnis auf die Seite des Willens übergegangen und erkennt, daß es ganz richtig ist, wie er es haben will. Und so lebt vielleicht eine große Menge Menschen; sie arbeiten daran, nach und nach ihr ethisches und ethisch-religiöses Erkennen zu verdunkeln, das sie in Entscheidungen und Konsequenzen hinausführen will, die das

Niedere in ihnen nicht liebt; dagegen erweitern sie ihr ästhetisches und metaphysisches Erkennen, was ethisch Zerstreuung ist.

Doch mit all diesem sind wir noch nicht weiter gekommen als bis zum Sokratischen; denn, würde Sokrates sagen, geschieht dies, dann beweist es ja, daß ein solcher Mensch doch das Rechte nicht verstanden hat. Das will sagen, die Gräzität hat nicht den Mut, auszusprechen, daß jemand mit seinem Wissen das Unrechte tut, mit Wissen des Rechten das Unrechte tut, deshalb hilft sie sich und sagt: Wenn einer das Unrechte tut, hat er das Rechte nicht verstanden.

Ganz richtig, und weiter kann auch kein *Mensch* kommen; kein Mensch kann durch sich selbst und von sich selbst aussagen, was Sünde ist, eben weil er in der Sünde ist; all sein Reden von der Sünde ist im Grunde genommen Beschönigung der Sünde, eine Entschuldigung, eine sündige Milderung. Deshalb beginnt das Christentum auch auf eine andere Weise, damit, daß eine Offenbarung von Gott nötig ist, um den Menschen darüber aufzuklären, was Sünde ist und daß die Sünde doch nicht darin liegt, daß ein Mensch das Rechte nicht verstanden hat, sondern darin, daß er es nicht verstehen will, und darin, daß er es überhaupt nicht will.

Bereits über die Unterscheidung: nicht verstehen *können* und nicht verstehen *wollen* gibt Sokrates eigentlich keine Aufklärung, während er dagegen Großmeister aller Ironiker ist, indem er operiert mit Hilfe der Distinktion zwischen Verstehen und Verstehen. Sokrates erklärt, daß der, der das Rechte nicht tut, es auch nicht verstanden hat; aber das Christentum geht etwas weiter zurück und sagt: das kommt daher, daß er es nicht verstehen will, und dies wiederum, weil er das Rechte nicht will. Und danach lehrt es, daß ein Mensch das Unrechte tut (der eigentliche Trotz), obwohl er das Rechte versteht, oder daß er es unterläßt, das Rechte zu tun, obwohl er es versteht; kurz, die christliche Lehre von der Sünde besteht aus lauter Anzüglichkeiten gegen den Menschen, Beschuldigung auf Beschuldigung, es ist die Behauptung, welche das Göttliche als Handelnder sich erlaubt gegen den Menschen auszusprechen.

Aber kann ein Mensch das Christliche begreifen? Keineswegs, es ist ja auch das Christliche, also zum Ärgernis. Es muß geglaubt werden. Begreifen ist die Reichweite des Menschen im Verhältnis zum Menschlichen; glauben aber ist das Verhältnis des Menschen zum Göttlichen. Wie erklärt dann das Christentum dies Unbegreifliche? Ganz konsequent auf eine ebenso unbegreifliche Weise, mit Hilfe dessen, daß es offenbart ist.

Christlich verstanden liegt die Sünde also im Willen, nicht in der Erkenntnis, und diese Verderbtheit des Willens geht über das Bewußtsein des Einzelnen hinaus. Dies ist das ganz Konsequente; denn sonst müßte ja, jeden Einzelnen betreffend, die Frage entstehen, wie die Sünde begonnen habe.

Hier ist also wiederum das Kennzeichen des Ärgernisses. Die Möglichkeit des Ärgernisses liegt darin: daß Offenbarung von Gott notwendig ist, um den Menschen darüber aufzuklären, was Sünde ist und wie tief sie steckt. Der natürliche Mensch, der Heide, denkt folgendermaßen: «Laß es gut sein, ich räume ein, daß ich nicht alle Dinge im Himmel und auf Erden verstanden habe; ist eine Offenbarung nötig, so möge sie uns über das Himmlische aufklären; aber daß eine Offenbarung nötig ist, um uns aufzuklären, was Sünde ist, ist das Ungereimteste von allem. Ich gebe mich nicht für einen vollkommenen Menschen aus, weit entfernt, aber das weiß ich doch, und ich bin ja willig, es einzuräumen, wie weit ich von der Vollkommenheit entfernt bin: sollte ich also nicht wissen, was Sünde ist?» Aber das Christentum antwortet: Nein, das ist, was du am allerwenigsten weißt, wie weit du von der Vollkommenheit entfernt bist und was Sünde ist. — Siehe, in dem Sinne ist freilich, christlich, Sünde Unwissenheit, sie ist Unwissenheit darüber, was Sünde ist.

Die Definition der Sünde, die im vorigen Kapitel gegeben wurde, muß deshalb noch folgendermaßen vervollständigt werden: Sünde ist, nachdem man durch eine Offenbarung von Gott darüber aufgeklärt ist, was Sünde ist, dann noch vor Gott verzweifelt nicht man selbst sein wollen oder verzweifelt man selbst sein wollen.

Drittes Kapitel

Daß die Sünde nicht eine Negation, sondern eine Position ist

Daß dies so ist, dafür hat die orthodoxe Dogmatik und die Orthodoxie überhaupt beständig gekämpft, und darum hat sie jede Definition der Sünde als pantheistisch abgewiesen, welche diese bloß zu etwas Negativem machte, zur Schwachheit, Sinnlichkeit, Endlichkeit, Unwissenheit und dergleichen. Die Orthodoxie hat sehr richtig gesehen, daß hierum der Kampf geht, oder um an das Vorhergehende zu erinnern, daß hier das Fadenende befestigt werden muß, hier gilt es Widerstand zu leisten; die Orthodoxie hat richtig gesehen, daß das ganze Christentum, wenn die Sünde negativ bestimmt wird, ohne Halt ist. Deshalb schärft die Orthodoxie ein, daß eine Offenbarung von Gott nötig ist, um den gefallenen Menschen zu lehren, was Sünde ist, welche Mitteilung dann ganz konsequent geglaubt werden muß, da sie ein Dogma ist. Und dies versteht sich von selbst, das Paradox, der Glaube, das Dogma, diese drei Bestimmungen bilden eine Allianz und Übereinstimmung, die sicherster Halt und Bollwerk sind gegen alle heidnische Weisheit.

So die Orthodoxie. Durch ein sonderbares Mißverständnis hat eine sogenannte spekulative Dogmatik, die sich freilich in bedenklicher Weise mit der Philosophie einläßt, gemeint, diese Bestimmung, daß die Sünde eine Position ist, *begreifen* zu können. Aber ist dies wahr, dann ist die Sünde eine Negation. Das Geheimnis in allem Begreifen ist, daß selbst dies, zu begreifen, höher ist als alle Position, die es setzt. Der Begriff stellt eine Position auf, aber daß sie begriffen wird, bedeutet ja gerade, daß sie negiert wird. Ihrerseits doch bis zu einem gewissen Grade darauf aufmerksam geworden, hat dann die spekulative Dogmatik keine andere Hilfe gewußt, als, was freilich einer philosophischen Wissenschaft wenig ansteht, ein Detachement von Versicherungen an dem Punkte auszustreuen, wo die Begriffsbewegung gemacht wird. Man versichert das eine Mal feierlicher als das andere und mehr und mehr schwörend und fluchend, die Sünde sei eine Position, es sei Pantheismus und Rationalismus und weiß Gott was alles noch, alles zusammen aber etwas, was die spekulative Dogmatik verwirft und verabscheut, wenn man sage, die Sünde sei bloß eine Negation — und dann geht man dazu über, es zu begreifen, daß die Sünde eine Position ist. Das will sagen, sie ist doch nur bis zu einem gewissen Grade Position, nicht mehr, als daß man sie doch noch begreifen kann.

Und dieselbe Zweizüngigkeit der Spekulation zeigt sich dann auch in einem anderen Punkt, der doch dasselbe betrifft. Die Bestimmung Sünde oder die Art, wie die Sünde bestimmt wird, ist entscheidend für die Bestimmung Reue. Da dies nun so spekulativ ist mit der Negation der Negation, so hilft es nichts, so muß die Reue die Negation der Negation sein — und dann wird ja die Sünde die Negation. — Es wäre im übrigen freilich zu wünschen, daß einmal ein nüchterner Denker aufklären würde, wieweit dies rein Logische, das an das erste Verhältnis der Logik zur Grammatik erinnert (doppelte Verneinung ist Bejahung) und an das Mathematische, wieweit dieses Logische seine Gültigkeit in der Welt der Wirklichkeit hat, in der

Welt der Qualitäten; ob nicht überhaupt die Dialektik der Qualitäten eine andere ist; ob nicht ‹der Übergang› hier eine andere Rolle spielt. *Sub specie aeterni, aeterno modo* usw. [unter dem Gesichtspunkt der Ewigkeit, nach der Weise des Ewigen] ist ja das Spatierende überhaupt nicht da, deshalb *ist* alles, und es gibt überhaupt keinen Übergang. *Setzen* ist in diesem abstrakten Medium [der reinen Logik] *eo ipso* dasselbe wie das *Aufheben*. Aber die Wirklichkeit auf dieselbe Weise zu betrachten ist doch etwas, das nahe beim Irrsinn liegt. Man kann auch ganz *in abstracto* sagen: auf das Imperfectum folgt das Perfectum. Aber wenn in der Welt der Wirklichkeit ein Mann daraus schließen wollte, es folge aus sich selbst und folge sofort, daß ein Werk, das er nicht vollendete (*imperfectum*), vollendet würde: dann wäre er doch wohl verrückt. So aber auch mit der sogenannten Position der Sünde, wenn das Medium, worin sie poniert wird, das reine Denken ist; das Medium ist viel zu flüchtig, als daß es Ernst werden könnte mit der Position [siehe Glossar].

Doch all Derartiges beschäftigt mich hier nicht. Ich halte nur beständig fest am Christlichen, daß die Sünde eine Position ist — doch nicht, als könnte dies begriffen werden, sondern als ein Paradox, das geglaubt werden muß. Dies ist nach meinem Denken das Richtige. Wenn man nur alle Versuche zu begreifen als selbstwidersprechend offenbar machen kann, dann bekommt die Sache ihre rechte Stellung, es wird dann klar, daß es dem Glauben überlassen werden muß, ob einer glauben will oder nicht. — Ich kann gut begreifen (und dies ist denn keineswegs zu erbaulich, um begriffen zu werden), daß jemand, der nun endlich begreifen muß und der nur das gutheißen kann, was sich als begreifbar ausgibt, dies alles sehr dürftig findet. Wenn aber das ganze Christentum daran hängt, daß es geglaubt und nicht begriffen werden soll, daß es *entweder* geglaubt werden soll *oder* man daran Ärgernis nehmen soll, ist es dann so verdienstlich, begreifen zu wollen? Ist es verdienstlich, oder ist es nicht eher Unverschämtheit oder Gedankenlosigkeit, das begreifen zu wollen, was nicht begriffen werden will? Wenn einem König der Einfall kommt, ganz inkognito sein zu wollen, in jeder Weise ganz wie ein gewöhnlicher Mann behandelt zu werden, ist es dann auch, weil es den Menschen gewöhnlich auszeichnender zu sein scheint, ihm königliche Huldigung zu erweisen, ist es dann auch das Richtige, es zu tun? Oder bedeutet dies nicht gerade, sich selbst und seinen Gedankengang dem Willen des Königs gegenüber zu behaupten, zu tun, wie man selbst will, statt sich zu beugen? Ob das wohl

dem König gefallen würde, wenn ein solcher Mensch nur um so erfinderischer darin sein würde, dem König untertänige Ehrerbietung
zu erweisen, wenn der König nicht so behandelt sein will, d. h., nur
um so erfinderischer darin wäre, des Königs Willen zuwiderzuhan-
deln? — Laß dann andere den bewundern und preisen, der behauptet, das Christliche begreifen zu können: ich sehe es geradezu für
eine ethische Aufgabe an, die vielleicht keine geringe Selbstverleugnung erfordert, in so spekulativen Zeiten, wenn alle die ‹andern›
so beschäftigt sind, zu begreifen, dann zuzugeben, daß man es weder begreifen kann noch soll. Gerade dies ist es jedoch, was die Zeit,
was das Christentum braucht: ein wenig sokratische Unwissenheit
im Verhältnis zum Christlichen; aber wohlgemerkt, ein wenig ‹sokratische› Unwissenheit. Laßt uns niemals vergessen — wie viele gibt
es wohl, die jemals dies recht gewußt oder gedacht haben —, laßt uns
niemals vergessen, daß Sokrates' Unwissenheit eine Art Gottesfurcht und Gottesverehrung war, daß seine Unwissenheit auf griechisch dasselbe war wie das jüdische «Gottesfurcht ist der Weisheit
Anfang». Laßt uns niemals vergessen, daß er gerade aus Ehrfurcht
vor der Gottheit unwissend war, daß er, soweit ein Heide dies konnte, als *Richter* Wacht hielt an der Grenzscheide zwischen Gott — und
Mensch, darüber wachend, daß die Tiefe des Qualitätsunterschiedes
zwischen ihnen befestigt werde, zwischen Gott und Mensch, daß
Gott — und Mensch nicht so *philosophice, poetice* usw. in eins ver-
schmolzen. Seht, deshalb war Sokrates der Unwissende, und deshalb
erkannte die Gottheit ihn als den Meistwissenden. — Aber das Christentum lehrt, daß all das Christliche nur für den Glauben da ist;
deshalb will es gerade eine sokratische gottesfürchtige Unwissenheit sein, die durch Unwissenheit den Glauben gegen die
Spekulation verteidigt, darüber wachend, daß die Tiefe des Qualitätsunterschiedes zwischen Gott und Mensch befestigt sein möge,
wie er es im Paradox und im Glauben ist, damit Gott und Mensch
nicht noch entsetzlicher als jemals im Heidentum, so *philosophice,
poetice* usw. in eins verschmelzen — im System.

Nur von einer Seite kann also hier die Rede davon sein, zu beleuchten, daß die Sünde eine Position ist. In dem vorhergehenden
Abschnitt ist in der Darstellung der Verzweiflung beständig eine
Steigerung erfolgt. Der Ausdruck für dieses Steigen war teils die Potenzierung des Selbstbewußtseins, teils die Potenzierung vom Erleiden zur bewußten Handlung; beide Ausdrücke sind wiederum in
Vereinigung der Ausdruck dafür, daß die Verzweiflung nicht von

außen her kommt, sondern von innen her. Und im selben Grad ist sie ja auch immer mehr ponierend [setzend, bejahend; s. Glossar]. Aber infolge der aufgestellten Definition der Sünde gehört zur Sünde das durch die Vorstellung Gottes unendlich potenzierte Selbst und so wiederum die größtmögliche Bewußtheit der Sünde als einer Tat. — Dies ist der Ausdruck dafür, daß die Sünde eine Position ist; dies, daß sie vor Gott geschieht, ist gerade das Positive in ihr.

Im übrigen hat die Bestimmung, daß die Sünde eine Position ist, auch in einem ganz anderen Sinne die Möglichkeit des Ärgernisses, das Paradoxe, in sich. Das Paradoxe ist nämlich die Konsequenz in bezug auf die Lehre von der Versöhnung. Zuerst geht das Christentum hin und stellt die Sünde so fest als Position auf, daß der menschliche Verstand dies niemals begreifen kann; und dann ist es dieselbe christliche Lehre, die es wiederum übernimmt, diese Position so fortzuschaffen, daß der menschliche Verstand es niemals begreifen kann. Die Spekulation, die sich von den Paradoxen wegschwatzt, mildert an beiden Stellen etwas ab, dann geht es leichter: Sie macht die Sünde nicht gar so positiv — und trotzdem kann sie es doch nicht in den Kopf bekommen, daß die Sünde ganz vergessen sein soll in der Versöhnung. Das Christentum aber, das der erste Erfinder der Paradoxe ist, ist auch hier so paradox wie möglich; es arbeitet gleichsam sich selber entgegen, indem es die Sünde so fest als Position aufstellt, daß es nun eine vollkommene Unmöglichkeit zu werden scheint, sie wieder wegzubekommen — und dann ist es gerade das Christentum, das durch die Versöhnung wiederum die Sünde so vollständig wegschaffen will, als sei sie im Meer ertrunken.

Beilage zu A

Wird dann aber nicht die Sünde in einem gewissen Sinne zu einer großen Seltenheit? (Die Moral)

Es wurde im ersten Abschnitt daran erinnert, daß, je intensiver die Verzweiflung wird, sie desto seltener in der Welt ist. Aber jetzt ist ja die Sünde die noch einmal qualitativ potenzierte Verzweiflung, dann muß diese wohl ganz selten sein? Seltsame Schwierigkeit! Das Christentum stellt alles unter die Sünde; wir haben uns bemüht, das Christliche so streng wie möglich darzustellen: und dann kommt dieses sonderbare Resultat heraus, dieses sonderbare Resultat, daß die Sünde ja im Heidentum überhaupt nicht zu finden ist, sondern nur im Judentum und Christentum, und da auch wieder sehr selten.

Indessen ist dies aber nur in einem bestimmten Sinne ganz richtig so. «Nachdem man durch eine Offenbarung von Gott darüber aufgeklärt wurde, was Sünde ist, vor Gott verzweifelt nicht man selbst oder verzweifelt man selbst sein wollen», das ist Sündigen – und ganz gewiß, es ist selten, daß ein Mensch so entwickelt ist, sich selbst so durchsichtig, daß dies auf ihn zutreffen kann. Aber was folgt dann daraus? Ja, hier muß man wohl achtgeben, denn hier ist eine eigene dialektische Wendung. Es folgt ja nicht dies daraus: Daß ein Mensch nicht im intensiveren Sinne verzweifelt ist, daraus würde ja nicht folgen, daß er nicht verzweifelt wäre. Im Gegenteil; es wurde gerade nachgewiesen, daß die meisten, weit, weit die meisten Menschen verzweifelt sind, aber in einem niederen Grade von Verzweiflung. Es ist ja auch nicht irgendein Verdienst, in einem höheren Grade verzweifelt zu sein. Ästhetisch ist es ein Vorzug, denn ästhetisch wird bloß auf Kraft gesehen; aber ethisch ist die intensivere Verzweiflung weiter entfernt von der Erlösung als die niedere.

Und so ist es auch mit der Sünde. Das Leben der meisten Menschen ist, indifferent-dialektisch bestimmt, so weit entfernt von dem Guten (dem Glauben), daß es fast zu geistlos ist, um Sünde genannt zu werden, ja fast zu geistlos, um Verzweiflung genannt zu werden.

In strengstem Sinne ein Sünder zu sein ist nun freilich sehr weit davon ab, etwas Verdienstliches zu sein. Aber auf der anderen Seite, wo in aller Welt soll ein wesentliches Sündenbewußtsein gefunden werden können (und seht, dies will das Christentum gerade haben) in einem Leben, das so in Trivialität versunken ist, in geschwätzige Nachäffung der ‹anderen›, daß man es fast nicht so nennen kann, daß es zu geistlos ist, um Sünde genannt zu werden, nur wert, wie die Schrift sagt, «ausgespien zu werden».

Doch hiermit ist die Sache nicht abgetan, denn die Dialektik der Sünde fängt dann bloß auf eine andere Weise an. Wie geht es nämlich zu, daß das Leben eines Menschen so geistlos wird, daß es ist, als könnte das Christentum überhaupt nicht in Beziehung dazu gebracht werden, wie wenn gleichsam ein Hebezeug (und wie eine Hebekraft ist die Erhebung des Christentums) nicht angebracht werden kann, weil kein Boden dazu da ist, sondern nur Moor und Sumpf? Ist das etwas, was einem Menschen zustößt? Nein, es ist des Menschen eigene Schuld. Kein Mensch wird mit Geistlosigkeit geboren; und wieviel davon sie auch in den Tod mitbringen als die einzige Ausbeute des Lebens — es ist nicht des Lebens Schuld.

Aber gesagt werden muß es, und so vorbehaltlos wie möglich, daß die sogenannte Christenheit (in welcher so alle millionenweise ohne weiteres Christen sind, so daß es ebenso viele, gerade ebenso viele Christen gibt wie Menschen) nicht bloß eine elende Ausgabe des Christlichen ist, voll von sinnstörenden Druckfehlern und gedankenlosen Auslassungen und Zusätzen, sondern daß sie ein Mißbrauch des Christentums ist, nämlich der, das Christentum eitel genommen zu haben. Es werden in einem kleinen Land wohl kaum drei Dichter in einer Generation geboren, aber Pfarrer gibt es genug, weit mehr, als befördert werden können. Man redet im Hinblick auf einen Dichter von Berufung; um Pfarrer zu werden, genügt es in der Vorstellung der Menge der Menschen (also der Christen), ein Examen zu haben. Und doch, doch ist ein wahrer Pfarrer etwas noch Selteneres als ein wahrer Dichter, und doch ist das Wort ‹Berufung› ursprünglich der religiösen Sphäre zugehörig. Aber in bezug auf das Dichtersein hat man doch in der Christenheit noch eine Vorstellung davon bewahrt, daß dies etwas ist und daß da etwas daran ist an dieser Berufung. Das Pfarrersein dagegen ist in den Augen der Menschenmenge, also der Christen, verlassen von jeder erhebenden Vorstellung, ohne das kleinste Mysteriöse, *in puris naturalibus* ein Brotberuf. ‹Berufung› bedeutet ein Amt; es wird davon gesprochen, einen Ruf zu bekommen; aber davon, einen Ruf zu haben — ja, es wird auch davon gesprochen, daß jemand einen Ruf zu verlieren hat.

Ach, das Schicksal dieses Wortes in der Christenheit ist wie ein Motto auf alles Christliche. Das Unglück ist nicht, daß das Christliche nicht verkündigt wird (so ist das Unglück ja auch nicht, daß es nicht genügend Pfarrer gibt); sondern es wird so verkündigt, daß in der Menschenmenge zum Schluß überhaupt nichts dabei gedacht wird (gleichsam wie bei dem Pfarrersein von dieser Menge überhaupt nichts anderes gedacht wird als bei dem gänzlich alltäglichen Kaufmann-, Rechtsanwalt-, Buchbinder-, Veterinärsein usw.), so daß das Höchste und Heiligste überhaupt keinen Eindruck macht, sondern lautet und gehört wird wie etwas, das nun einmal, Gott weiß warum, Gewohnheit und Brauch geworden ist wie so vieles andere. Was Wunder da, daß man — statt sein eigenes Betragen unverantwortlich zu finden — es notwendig findet, das Christentum zu verteidigen. —

Ein Pfarrer sollte ja wohl ein Glaubender sein. Und ein Glaubender! Ein Glaubender ist doch wohl ein Verliebter; ja, der von allen Verliebten am meisten Verliebte, er ist doch eigentlich, was die Begeisterung angeht, nur wie ein Jüngling im Vergleich mit einem Glaubenden. Denke dir nun einen Verliebten. Nicht wahr, er würde doch imstande sein, tagaus und tagein, solange der Tag dauerte und die Nacht dazu, von seiner Verliebtheit zu sprechen. Aber glaubst du, es könnte ihm einfallen, glaubst du, es würde ihm möglich sein, glaubst du nicht, es würde ihm eine Abscheulichkeit sein, so zu reden, daß er aus drei Gründen beweisen wollte, es sei doch etwas daran, verliebt zu sein — ungefähr so, wie wenn der Pfarrer aus drei Gründen beweist, es sei nützlich zu beten, so daß also das Beten im Preis so tief gesunken ist, daß drei Gründe dazu nötig sind, um ihm ein klein bißchen Ansehen zu verleihen. Oder wie wenn der Pfarrer, und dies ist dasselbe, nur lächerlicher, aus drei Gründen beweist, Beten sei eine Seligkeit, die allen Verstand übersteigt. O unschätzbare Anticlimax: daß etwas den Verstand übersteigt, wird aus drei — Gründen bewiesen, die, wenn sie überhaupt etwas taugen, doch wohl nicht den Verstand übersteigen, sondern im Gegenteil es dem Verstand einleuchtend machen müssen, daß diese Seligkeit keineswegs allen Verstand übersteigt; denn ‹Gründe› liegen ja doch wohl innerhalb der Reichweite des Verstandes. Nein, für das, was allen Verstand übersteigt — und für den, der daran glaubt —, bedeuten drei Gründe nicht mehr als drei Flaschen oder drei Hirsche! — Und nun weiter, glaubst du, es würde einem Verliebten einfallen, seine Verliebtheit mit Gründen zu verteidigen, das heißt einzuräumen, daß sie ihm nicht das Absolute wäre, unbedingt das Absolute, sondern daß er an sie dächte so zusammen mit den Einwendungen gegen sie, und daraus ginge die Verteidigung hervor, das heißt, glaubst du, er könnte oder würde einräumen, daß er nicht verliebt sei, und sich selbst anzeigen, daß er nicht verliebt sei? Und wenn man einem Verliebten vorschlagen wollte, so zu reden, glaubst du nicht, er würde einen für verrückt ansehen; und wenn er neben dem, daß er verliebt wäre, zugleich ein wenig Beobachter wäre, glaubst du nicht, er würde ein Mißtrauen bekommen, daß der, der ihm diesen Vorschlag machte, niemals gewußt hätte, was Verliebtheit ist, oder ihn dazu herumbekommen wollte, seine Verliebtheit zu verraten und zu verleugnen — indem er sie verteidigt. — Ist es nicht einleuchtend, daß derjenige, der wirklich verliebt ist, niemals auf die Idee kommen kann, aus drei Gründen beweisen oder verteidigen zu wollen; er ist dies, was mehr ist als alle

Gründe und jede Verteidigung: er ist verliebt. Und derjenige, welcher das tut, der ist nicht verliebt, er gibt sich bloß dafür aus, es zu sein, und er ist unglücklicherweise — oder glücklicherweise — so dumm, daß er sich bloß selbst verrät, nämlich nicht verliebt zu sein.

Aber gerade so wird vom Christentum gesprochen — von glaubenden Pfarrern, entweder ‹verteidigt› man das Christentum, oder man setzt es um in ‹Gründe›, sofern man dann nicht zugleich herumpfuscht, indem man es spekulativ ‹begreifen› will; das nennt man predigen, und man sieht es in der Christenheit bereits für eine große Sache an, daß da so gepredigt wird und daß es dann jemand hört. Und gerade deshalb ist die Christenheit (dies ist der Beweis dafür) so weit entfernt von dem, wofür sie sich ausgibt, daß das Leben der meisten Menschen, christlich verstanden, sogar zu geistlos ist, um im streng christlichen Sinne Sünde genannt zu werden.

B. Die Fortsetzung der Sünde

Jeder Zustand in der Sünde ist neue Sünde; oder, wie es genauer ausgedrückt werden müßte und im folgenden ausgedrückt werden wird: der Zustand in der Sünde ist die neue Sünde, ist die Sünde. Dies erscheint dem Sünder vielleicht als eine Übertreibung; höchstens erkennt er jede aktuelle neue Sünde als eine neue Sünde. Aber die Ewigkeit, die sein Konto führt, muß den Zustand in der Sünde als eine neue Sünde anführen. Sie hat nur zwei Rubriken, und «alles, was nicht aus dem Glauben ist, ist Sünde»; jede unbereute Sünde ist eine neue Sünde, und jeder Augenblick, da sie unbereut ist, ist neue Sünde. Aber wie selten ist ein Mensch, der Kontinuierlichkeit im Verhältnis zu seinem Bewußtsein von sich selbst hat! Meist sind die Menschen bloß momentweise sich ihrer selbst bewußt, in den großen Entscheidungen, aber das Tägliche wird überhaupt nicht veranschlagt; so sind sie Geist etwa einmal in der Woche für eine Stunde — dies, versteht sich, ist freilich eine ziemlich bestialische Art, Geist zu sein. Doch die Ewigkeit ist die wesentliche Kontinuierlichkeit und fordert diese vom Menschen, oder daß er seiner als Geist bewußt sein und Glauben haben soll. Der Sünder dagegen ist so in der Macht der Sünde, daß er keine Vorstellung von ihrer totalen Bestimmung hat, daß er auf dem Abweg der Verlorenheit ist. Er rechnet bloß jede einzelne neue Sünde, durch welche er gleichsam neuen Antrieb auf dem Weg der Verlorenheit bekommt, gerade so, als wäre er nicht schon im vorhergehenden Augenblick mit der Schnelligkeit all der vorhergehenden Sünden auf diesem Weg gegangen. So natürlich ist ihm die Sünde geworden, oder die Sünde ist ihm so zur zweiten Natur geworden, daß er das Tägliche ganz in seiner Ordnung findet und nur selbst jedesmal einen Augenblick innehält, wenn er durch eine neue Sünde sozusagen neu in Fahrt kommt. Er ist in seiner Verlorenheit blind dafür, daß sein Leben, statt die wesentliche Kontinuierlichkeit des Ewigen zu haben, indem es im Glauben vor Gott ist, die Kontinuierlichkeit der Sünde hat.

Doch, ‹Kontinuierlichkeit der Sünde› — ist die Sünde nicht gerade das Nichtkontinuierliche? Siehe, hier kommt es wieder, dies, daß die Sünde bloß eine Negation sei, auf die niemals ein Gewohnheitsrecht ersessen werden könne, so wie durch die Dauer kein Recht auf gestohlenes Gut gewonnen werden kann, eine Negation, ein ohnmächtiger Versuch, sich als Dauereinrichtung zu etablieren, der dies aber doch nicht vermag, in verzweifeltem Trotz alle Qualen der Ohnmacht leidend. Ja, so ist es spekulativ verstanden; aber christlich ist die Sünde (dies muß geglaubt werden, da es ja das Paradoxe ist, das kein Mensch begreifen kann) eine Position, die aus sich selbst eine mehr und mehr bejahende (ponierende) Kontinuierlichkeit entfaltet.

Und das Gesetz für das Wachsen dieser Kontinuierlichkeit ist auch ein anderes als für das Wachsen einer Schuld oder einer Negation. Denn eine Schuld wächst nicht, weil sie nicht bezahlt wird, sie wächst jedesmal, wenn sie erhöht wird. Aber die Sünde wächst mit jedem Augenblick, in dem man nicht davon loskommt. Es ist soweit wie möglich davon entfernt, daß der Sünder darin recht hätte, nur jede neue Sünde als eine Vermehrung der Sünde anzusehen, so daß, christlich verstanden, eigentlich der Zustand in der Sünde größere Sünde, die neue Sünde ist. Sogar ein Sprichwort sagt, daß sündigen menschlich, aber in der Sünde bleiben teuflisch ist; doch christlich muß dieses Sprichwort freilich etwas anders verstanden werden. Die bloß sprunghafte (desultorische) Betrachtung, die nur auf die neue Sünde sieht und das Dazwischenliegende überspringt, das Dazwischenliegende zwischen den einzelnen Sünden, ist eine ebenso oberflächliche Betrachtung, wie wenn jemand annehmen wollte, ein Eisenbahnzug bewege sich nur jedesmal, wenn die Lokomotive schnauft. Nein, dieses Schnaufen und das Vorrücken, was darauf folgt, ist eigentlich nicht das, worauf hingesehen werden soll, sondern die gleichmäßige Fahrt, mit welcher die Lokomotive sich bewegt und die jenes Schnaufen veranlaßt. Und so ist es mit der Sünde. Der Zustand in der Sünde ist im tiefsten Sinne Sünde, die einzelnen Sünden sind nicht die Fortsetzung der Sünde, sondern der Ausdruck für die Fortsetzung der Sünde; in der einzelnen neuen Sünde wird die Fahrtbewegung der Sünde bloß sinnlich mehr bemerkbar.

Der Zustand in der Sünde ist schlimmere Sünde als die einfachen Sünden, ist *die* Sünde. Und so verstanden gilt es, daß der Zustand in der Sünde die Fortsetzung der Sünde, neue Sünde ist. Gewöhnlich versteht man dies anders, man versteht es so, daß die eine Sünde neue Sünde aus sich gebiert. Aber das hat einen viel tieferen Grund, den, daß der Zustand in der Sünde neue Sünde ist. Es ist psychologisch meisterlich, was Shakespeare Macbeth sagen läßt (3. Akt, 2. Szene): Sündentsproßne Werke erlangen nur durch Sünde Kraft und Stärke. Das will sagen, die Sünde ist in sich selbst eine Konsequenz, und in dieser Konsequenz des Bösen in sich hat sie auch eine gewisse Kraft. Aber zu einer solchen Anschauungsweise kommt man nie, wenn man bloß die einzelnen Sünden sieht.

Die meisten Menschen leben freilich mit allzu geringem Bewußtsein von sich selbst, um eine Vorstellung davon zu haben, was Konsequenz ist; das will sagen, sie existieren nicht als Geist. Ihr Leben besteht entweder in einer gewissen kindlichen, liebenswerten Naivität oder in Geschwätz, einem bißchen Handlung, einem bißchen Ereignis, einem bißchen dies und einem bißchen das; jetzt tun sie etwas Gutes und dann wiederum etwas Falsches, und dann beginnen sie wieder von vorne; nun sind sie einen Nachmittag verzweifelt, vielleicht auch drei Wochen, aber dann sind sie wieder frisch und dann wieder einen Tag verzweifelt. Sie spielen sozusagen mit im Leben, aber niemals erleben sie es, alles für eines einzusetzen, niemals kommen sie zu der Vorstellung einer unendlichen Konsequenz in sich; deshalb geht zwischen ihnen nur die Rede von dem einzelnen, einzelnen guten Taten, einzelnen Sünden.

Jede Existenz, die unter der Bestimmung Geist ist, selbst wenn sie dies nur auf eigene Verantwortung und Rechnung ist, hat wesentlich Konsequenz in sich und Konsequenz in einem Höheren, zumindest in einer Idee. Aber eine solche fürchtet wiederum unendlich jede Inkonsequenz, weil sie eine unendliche Vorstellung davon hat, was die Folge sein kann, daß sie aus dem Totalen gerissen werden kann, worin sie ihr Leben hat. Die geringste Inkonsequenz ist ein ungeheurer Verlust, denn die Existenz verliert ja die Konsequenz;

im selben Augenblick geht vielleicht die Zauberei los, die geheimnisvolle Kraft, die alle Kräfte in Harmonie gebunden hat, ist ermattet, die Sprungfeder entspannt, das Ganze vielleicht ein Chaos, wo die Kräfte in Aufruhr gegeneinander kämpfen, zum Leiden des Selbst, in welchem aber keine Übereinstimmung mit sich selbst ist, keine Fahrt, kein *impetus*. Die ungeheure Maschinerie, die in ihrer Konsequenz so gefügig in ihrer Eisenstärke ist, so geschmeidig in all ihrer Kraft, ist in Unordnung; und je vorzüglicher, je grandioser die Maschinerie war, desto furchtbarer ist der Wirrwarr. — Der Glaubende, der also sein Leben hat und ruht in der Konsequenz des Guten, hat eine unendliche Furcht selbst vor der geringsten Sünde; denn er hat unendlich zu verlieren. Die unmittelbaren, die kindlichen oder kindischen Menschen haben nichts Totales zu verlieren, sie verlieren und gewinnen bloß immer im einzelnen oder das einzelne.

Aber wie mit dem Glaubenden, so auch mit seinem Gegenbilde, dem Dämonischen, im Verhältnis zur Konsequenz der Sünde in sich. Wie der Trinker ständig den Rausch von Tag zu Tag aufrechterhält aus Furcht vor dem Aufhören, der Mattheit, die eintreten würde, und deren möglichen Folgen, wenn er einen Tag ganz nüchtern wäre: so der Dämonische. Ja, wie der Gute, wenn einer versucherisch zu ihm träte und ihm die Sünde in der einen oder anderen lockenden Gestalt darstellte, ihn bitten würde, «versuche mich nicht»: so hat man wohl Beispiele von ganz und gar derselben Art bei einem Dämonischen. Gerade jemandem gegenüber, der im Guten stärker ist als er, kann der Dämonische, wenn jener ihm das Gute in seiner seligen Erhabenheit darstellen will, für sich bitten, er kann mit Tränen für sich bitten, der Gute möge nicht zu ihm reden, möge ihn nicht, wie er es ausdrückt, schwach machen. Gerade weil der Dämonische konsequent in sich und in der Konsequenz des Bösen ist, gerade deshalb hat er auch eine Totalität zu verlieren. Ein einziger Augenblick außer seiner Konsequenz, ein einziger Diätfehler, ein einziger Blick zur Seite, einen einzigen Augenblick das Ganze oder bloß ein Teil davon auf eine andere Weise gesehen und verstanden: und er würde vielleicht niemals mehr er selbst bleiben, sagt er. Das will sagen, das Gute hat er verzweifelt aufgegeben, es kann ihm trotz allem doch nicht helfen; wohl aber könnte es ihn verwirren, es ihm unmöglich machen, je wieder die volle Fahrt der Konsequenz zu bekommen, ihn schwach machen. Nur in der Fortsetzung der Sünde ist er er selbst, nur in ihr lebt er, hat er den Eindruck seiner selbst. Aber was will dies sagen? Es will sagen, der Zustand in der Sünde ist das, was ihn zusammenhält ganz tief unten, wohin er gesunken ist, ihn unfromm durch die Konsequenz bestärkend; es ist nicht die einzelne neue Sünde, die (ja, das ist schrecklich abgründig!) ihm hilft, sondern die einzelne neue Sünde ist bloß der Ausdruck für den Zustand in der Sünde, welches eigentlich die Sünde ist.

Unter ‹Fortsetzung der Sünde›, wovon wir jetzt handeln werden, wird also nicht so sehr an die einzelnen neuen Sünden gedacht, sondern an den Zustand in der Sünde, welcher wiederum die Potenzierung der Sünde in sich selbst wird, ein Verbleiben im Zustand der Sünde mit Bewußtsein davon, so daß das Gesetz der Bewegung in der Potenzierung hier wie überall sich nach innen wendet in immer intensivere Bewußtheit.

A. Die Sünde, über seine Sünde zu verzweifeln

Sünde ist Verzweiflung; Potenzierung ist die neue Sünde, über seine Sünde zu verzweifeln. Es ist auch leicht zu sehen, daß das eine Bestimmung der Potenzierung ist; es ist nicht eine neue Sünde, so, wie wenn jemand, der einmal hundert Taler gestohlen hat, zum zweitenmal tausend Taler stiehlt. Nein, hier wird nicht von den einzelnen Sünden gesprochen; der Zustand in der Sünde ist die Sünde, und diese wird in einem neuen Bewußtsein potenziert.

Über seine Sünde zu verzweifeln ist der Ausdruck dafür, daß die Sünde konsequent in sich selbst wurde oder sein wird. Sie will nichts mit dem Guten zu schaffen haben, nicht so schwach sein, einmal zwischendurch einer anderen Rede zu lauschen. Nein, sie will nur sich selbst hören, nur mit sich selbst zu schaffen haben, sich mit sich selber einschließen, ja, sich innerhalb einer Abkapselung noch weiter abkapseln und durch die Verzweiflung über die Sünde sich gegen jeden Überfall und jedes Streben nach dem Guten sichern. Er ist sich bewußt, die Brücke hinter sich abgebrochen zu haben und für das Gute so unzugänglich zu sein wie das Gute für ihn, so daß es, selbst wenn er in einem schwachen Augenblick es wollen könnte, doch unmöglich wäre. Die Sünde selbst ist die Losreißung vom Guten, aber die Verzweiflung über die Sünde ist ein zweites Mal Losreißung. Dies foltert natürlich aus der Sünde die äußersten Kräfte des Dämonischen heraus und ergibt die unfromme Hartnäckigkeit oder Verstocktheit, konsequent alles, was da Reue und was da Gnade heißt, nicht bloß für leer und nichtssagend ansehen zu müssen, sondern als seinen Feind, für etwas, wogegen man sich am meisten von allem zu wehren hat, ganz wie der Gute sich gegen die Versuchung wehrt. So verstanden, ist es ein richtiger Ausspruch von Mephistopheles (im Faust), daß nichts elender ist als ein Teufel, der verzweifelt; denn unter verzweifeln muß hier verstanden werden: schwach genug sein wollen, um etwas von Reue und Gnade zu hören. Um die Potenzierung im Verhältnis zwischen Sünde und Verzweiflung über die Sünde zu bezeichnen, könnte man sagen, das erste ist der Bruch mit dem Guten, das zweite der Bruch mit der Reue.

Verzweiflung über die Sünde ist ein Versuch, sich zu halten, indem man noch tiefer sinkt; so wie der, der in einem Luftballon (Aerost[r]at) aufsteigt, durch das Abwerfen von Lasten steigt, so sinkt der Verzweifelte, indem er immer bestimmter all das Gute von sich wirft (denn die Last des Guten ist Erhebung), er sinkt, selbst meint er freilich zu steigen — er wird ja auch leichter. Die Sünde selbst ist der Kampf der Verzweiflung; aber wenn dann die Kräfte erschöpft sind, ist eine neue Potenzierung nötig, eine neue dämonische Verschlossenheit in sich selbst, das ist die Verzweiflung über die Sünde. Dies ist Fortschritt, ein Steigen im Dämonischen, natürlich Vertiefung in der Sünde. Es ist ein Versuch, der Sünde dadurch Haltung und Interesse wie einer Macht zu geben, daß es nun ewig entschieden sein soll, daß man nichts hören will von Reue und nichts von Gnade. Indessen ist doch die Verzweiflung über die Sünde sich gerade ihrer eigenen Leerheit bewußt, daß sie nicht das mindeste davon zu leben hat, nicht einmal ihr eigenes Selbst in der Vorstellung dessen. Es ist ein psychologisch meisterlicher Ausspruch von Macbeth (2. Akt, 2. Szene, nachdem er den König ermordet hat und nun über seine Sünde verzweifelt): «Von jetzt gibt es nichts Ernstes mehr im Leben; alles ist Tand, gestorben Ruhm und Gnade.» Was das Meisterliche ist, das ist der Doppelakzent in den letzten Worten (*Ruhm* und *Gnade*). Durch die Sünde, will sagen, indem er über die Sünde verzweifelt, hat er jedes Verhältnis zur Gnade verloren — und zugleich zu sich selbst. Sein egoistisches Selbst kulminiert im Ehrgeiz. Nun ist er ja König geworden, und doch, indem er über seine Sünde verzweifelt und an der Realität der Reue, an der Gnade, hat er auch sich selbst verloren, er kann nicht einmal für sich selbst dies aufrechterhalten, und er ist gerade ebenso weit entfernt, sein Selbst im Ehrgeiz zu genießen, wie davon, die Gnade zu ergreifen.

Im Leben (soweit die Verzweiflung über die Sünde im Leben vorkommt; aber in jedem Falle kommt da etwas vor, was die Menschen so nennen) erkennt man oft nicht diese Verzweiflung über die Sünde, vermutlich, weil man in der Welt gewöhnlich nur mit Leichtsinn, Gedankenlosigkeit und reiner Geschwätzigkeit zu tun hat und deshalb ordentlich feierlich wird und ehrfürchtig den Hut abnimmt vor jeder Äußerung von etwas Tieferem. Entweder in verwirrter Unklarheit über sich selbst und ihre Bedeutung oder mit einem Anstrich von Heuchelei oder mit Hilfe der Zweideutigkeit und Sophistik, die alle Verzweiflung mit sich führt, ist die Verzweiflung über die Sünde nicht abgeneigt, sich den Anschein zu geben, etwas Gutes zu sein. Sie soll dann ein Ausdruck dafür sein, daß es eine tiefere Natur sei, die sich deshalb ihre Sünde so zu Herzen nehme. Ich werde ein Beispiel anführen. Wenn ein Mensch, der der einen oder anderen Sünde hingegeben war, dann aber der Versuchung längere Zeit Widerstand leistete und siegte — einen Rückfall bekommt und wieder in Versuchung fällt: dann ist die Verstimmtheit, die eintritt, keineswegs immer Trauer über die Sünde. Sie kann vieles andere sein; es kann bei dieser Sache auch eine Verbitterung gegen die Lenkung sein, als wäre sie es, die ihn hätte in Versuchung fallen lassen, als hätte sie nicht so hart gegen ihn sein sollen, da er jetzt längere Zeit hindurch siegreich der Versuchung widerstanden habe. Aber in jedem Falle ist es ganz und gar weibisch, ohne weiteres diese Trauer für echt zu halten und überhaupt nicht aufmerksam zu sein auf die Doppelzüngigkeit, die in aller Leidenschaftlichkeit ist, was wiederum das Ominöse ist, was verursachen kann, daß der Leidenschaftliche zuweilen nahezu bis zum Wahnsinnigwerden hinterher versteht, er habe das Entgegengesetzte von dem gesagt, was er zu sagen vorhatte. Ein solcher Mensch beteuert vielleicht in immer stärkeren Ausdrücken, wie dieser Rückfall ihn peinigt und plagt, wie er ihn zur Verzweiflung bringt, «dies kann ich mir selbst niemals vergeben», sagt er. Und alles dies soll der Ausdruck dafür sein, wieviel Gutes in ihm steckt, was für eine tiefe Natur er ist. Dies ist eine Mystifikation. Ich ließ mit Absicht in die Darstellung ein Stichwort einfließen, «das kann ich mir selbst niemals vergeben», ein Wort, das gewöhnlich gerade in solchem Zusammenhang zu hören ist. Und gerade an diesem Wort kann man sich auch sofort dialektisch zurechtfinden. Er vergibt sich das niemals selbst — aber wenn nun Gott ihm das vergeben wollte, dann könnte er ja auch gerne die Güte haben, sich selbst zu verzeihen. Nein, seine Verzweiflung über die Sünde, und am stärksten gerade, je mehr sie in der Leidenschaft des Ausdrucks rast, wodurch er (woran er am wenigsten denkt) sich selber schlecht macht, wenn er «sich niemals selbst vergeben will», daß er so sündigen konnte (denn diese Rede ist so ungefähr das Gegenteil von bußfertiger Zerknirschung, die Gott bittet zu vergeben), seine Sündenverzweiflung ist sehr weit davon entfernt, eine Bestimmung des Guten zu sein, es ist eine intensivere Bestimmung der Sünde, deren Intensität die Vertiefung in die Sünde ist. Die Sache ist die, daß er in der Zeit, da er siegreich der Versuchung Widerstand leistete, in seinen eigenen Augen besser geworden ist, als er wirklich ist, und stolz auf sich selbst wurde. Das Interesse dieses Stolzes ist es nun, daß das Vergangene etwas sein sollte, das er ganz und gar hinter sich gelassen hat. Aber im Rückfall wird plötzlich das Vergangene wieder ganz gegenwärtig. Diese Erinnerung kann sein Stolz nicht ertragen, und deshalb diese tiefe Betrübtheit usw. Aber die Richtung der Betrübtheit geht offenbar fort von Gott, ist verborgene Selbstliebe und verborgener Stolz, statt demütig zu beginnen, Gott demütig zu danken, daß er doch so lange ihm geholfen hätte, der Versuchung zu widerstehen, vor Gott und sich selbst zu bekennen, daß es bereits weit mehr sei, als er verdient habe, und dann sich zu demütigen unter der Erinnerung daran, wie er gewesen war.

Was die alten Erbauungsschriften ausführen, ist hier wie überall so tief, so erfahren, so wegweisend. Sie lehren, Gott lasse zuweilen zu, daß der Glaubende stolpert und in die eine oder andere Versuchung fällt – eben um ihn zu demütigen und ihn dadurch weiter im Guten zu befestigen; der Gegensatz zwischen dem Rückfall und dem vielleicht bedeutenden Fortschritt im Guten ist so demütigend, die Identität mit sich selbst so schmerzlich. Je besser ein Mensch ist, desto tiefer schmerzt natürlich die einzelne Sünde, und desto gefährlicher, wenn er die Wendung nicht richtig macht, gefährlich ist schon das kleinste bißchen Ungeduld. Er kann vielleicht vor Trauer in die dunkelste Schwermut versinken — und ein Narr von Seelsorger mag nahe daran sein, seine tiefe Seele zu bewundern, und welche Macht das Gute in ihm hat — als wäre dies etwas Gutes. Und seine Frau, ja, sie fühlt sich tief gedemütigt im Vergleich mit einem so ernsten und heiligen Mann, der so über die Sünde trauern kann. Vielleicht ist auch seine Rede noch täuschender, er sagt vielleicht nicht: Ich kann mir dies niemals vergeben (als hätte er sich vielleicht früher selber Sünden vergeben; eine Gotteslästerung), nein, er redet davon, daß Gott ihm dies niemals vergeben könne. Ach, und dies ist nur eine Mystifikation. Seine Trauer, sein Kummer, seine Verzweiflung ist egoistisch (gleichwie die Angst vor der Sünde, die zuweilen fast einen Menschen in die Sünde hineinängstigt, weil sie Selbstliebe ist, die stolz auf sich selber sein möchte, daß sie ohne Sünde ist) — und Trost ist das, was er am wenigsten braucht; deshalb machen auch die ungeheuren Quantitäten von Trostgründen, die die Seelsorger verordnen, die Krankheit bloß schlimmer.

B. Die Sünde, an * der Vergebung der Sünden zu verzweifeln (Ärgernis)

Die Potenzierung im Bewußtsein des Selbst ist hier das Wissen um Christus, ein Selbst Christus gegenüber. Zuerst kam (im vorigen Abschnitt) die Unwissenheit, ein ewiges Selbst zu haben; dann das Wissen, ein Selbst zu haben, worin doch etwas Ewiges ist. Darauf wurde (im Übergang zum zweiten Abschnitt) gezeigt, daß dieser Unterschied hingehört unter: das Selbst, das eine menschliche Vorstellung von sich selbst hat oder dessen Maß der Mensch ist. Der Gegensatz hierzu war: ein Selbst Gott gegenüber, und dieses wurde der Definition der Sünde zugrunde gelegt.

Nun kommt ein Selbst Christus gegenüber — ein Selbst, das doch verzweifelt nicht es selbst sein will oder verzweifelt es selbst sein will. Denn Verzweiflung an der Vergebung der Sünden muß hinzuführen sein entweder auf die eine oder auf die andere Formel der Verzweiflung, die der Schwachheit oder die des Trotzes; die der Schwachheit, die im Ärgernis nicht zu glauben wagt, die des Trotzes, der im Ärgernis nicht glauben will. Nur sind Schwachheit und Trotz hier das Umgekehrte von dem, was sie sonst sind (da ja die Rede nicht ist, ohne weiteres man selbst zu sein, sondern man selbst zu sein in der Begriffsbestimmung, ein Sünder zu sein, also man selbst zu sein in der Begriffsbestimmung seiner Unvollkommenheit). Sonst ist Schwachheit: verzweifelt nicht man selbst sein zu wollen. Hier ist dies Trotz; denn hier ist es ja Trotz, nicht man selbst sein zu wollen als das, was man ist, als Sünder, und auf Grund dessen die Vergebung der Sünden entbehren zu wollen. Sonst ist Trotz:

---

* Man richte seine Aufmerksamkeit auf den Unterschied zwischen verzweifeln *über* seine Sünde und verzweifeln *an* der Vergebung der Sünden.

verzweifelt man selbst sein zu wollen. Hier ist dies Schwachheit, verzweifelt man selbst sein zu wollen, d. h. Sünder, dergestalt, daß keine Vergebung da ist.

Ein Selbst Christus gegenüber ist ein Selbst, potenziert durch das ungeheure Zugeständnis Gottes, potenziert durch den ungeheuren Nachdruck, der dadurch darauf fällt, daß Gott auch um dieses Selbstes willen sich gebären ließ, Mensch wurde, litt, starb. Wie es im vorhergehenden gesagt wurde: je mehr Gottesvorstellung, desto mehr Selbst, so gilt es hier: je mehr Vorstellung von Christus, desto mehr Selbst. Ein Selbst ist qualitativ das, was sein Maßstab ist. Daß Christus der Maßstab ist, ist der von Gottes Seite zur Beglaubigung bekräftigte Ausdruck dafür, welche ungeheure Realität ein Selbst hat; denn erst in Christus ist es wahr, daß Gott des Menschen Ziel und Maßstab ist oder Maßstab und Ziel. — Aber je mehr Selbst, desto intensiver die Sünde.

Auch von einer anderen Seite kann die Potenzierung in der Sünde gezeigt werden. Sünde war Verzweiflung; Potenzierung war Verzweiflung über die Sünde. Nun aber bietet Gott den Vergleich an in der Vergebung der Sünden. Doch der Sünder verzweifelt, und die Verzweiflung bekommt einen noch tieferen Ausdruck; sie verhält sich nun in gewisser Weise zu Gott, und doch ist sie gerade, weil sie noch weiter von ihm entfernt ist, noch intensiver in die Sünde vertieft. Indem der Sünder verzweifelt an der Vergebung der Sünden, ist es ja beinahe, als ginge er Gott zu Leibe, denn es klingt ja dialogisch, dies: «Nein, es gibt keine Vergebung der Sünden, das ist eine Unmöglichkeit»; es sieht aus wie ein Handgemenge. Aber dennoch muß der Mensch sich qualitativ weiter von Gott entfernen, um dies sagen zu können; und damit dies gehört werden kann, und um so handgemein kämpfen zu können, muß man auf Abstand gehen; so seltsam ist das Geistesdasein im akustischen Sinne konstruiert, so seltsam sind die Distanzverhältnisse angelegt. So weit wie möglich muß ein Mensch von Gott entfernt sein, damit das Nein gehört werden kann, das doch in gewisser Weise Gott zu Leibe will; wenn man auf größtmögliche Nahkampfdistanz zu Gott kommen will, muß man am weitesten von ihm entfernt sein; um Gott zu nahe zu treten, muß man weit weggehen; ist man ihm näher, kann man ihm nicht zu nahe treten, und tritt man ihm zu nahe, bedeutet dies *eo ipso*, daß man weit entfernt ist. O menschliche Ohnmacht Gott gegenüber! Wenn man einem hocherhabenen Menschen zu nahe tritt, kann man vielleicht zur Strafe weit von ihm fortgeschleudert werden; aber

um Gott zu nahe treten zu können, muß man weit von ihm fortgehen.

Im Leben irrt man sich oft in bezug auf diese Sünde (zu verzweifeln an der Vergebung der Sünden), besonders seit der Zeit, als
man das Ethische abgeschafft hat, so daß selten oder niemals ein
gesundes ethisches Wort zu hören ist. Ästhetisch-metaphysisch wird
es als ein Zeichen einer tieferen Natur honoriert, an der Vergebung
der Sünden zu verzweifeln, ungefähr so, wie wenn man es bei einem
Kinde für ein Zeichen einer tieferen Natur ansieht, daß es unartig
ist. Überhaupt ist es unglaublich, welche Konfusion in das Religiöse hineingekommen ist seit der Zeit, da man im Verhältnis des Menschen zu Gott das ‹Du sollst› abgeschafft hat, welches das einzige
Regulativ ist. Dieses ‹Du sollst› muß in jeder Bestimmung des Religiösen mit enthalten sein; an seiner Statt hat man abenteuerlich die
Gottesvorstellung oder die Vorstellung von Gott wie ein Ingredienz
der menschlichen Wichtigkeit gebraucht, um sich selbst wichtig zu
werden Gott gegenüber. Wie man im Staatsleben sich selber wichtig wird, indem man zur Opposition gehört, und wohl zum Schluß
wünscht, daß es eine Regierung gäbe, um doch etwas zu haben, wogegen man opponieren kann, so will man zum Schluß Gott nicht
abschaffen — bloß um sich noch wichtiger zu werden dadurch, daß
man in der Opposition ist. Und alles dasjenige, was in alten Tagen
mit Schrecken angesehen wurde als Äußerungen unfrommer Auf-
sässigkeit, das wird jetzt genial, Zeichen einer tiefen Natur. «Du
sollst *glauben*», hieß es in alten Tagen, kurz und gut, so nüchtern
wie möglich — nun ist es genial und Zeichen einer tiefen Natur, nicht
zu können. «Du sollst an die Vergebung der Sünden glauben», hieß
es, und als einziger Kommentar zu diesem Text hieß es: «Dir soll
ein Unglück geschehen, wenn du dies nicht kannst; denn was man
soll, das kann man», — jetzt ist es genial und Zeichen einer tiefen
Natur, dies nicht glauben zu können. Vortreffliche Resultate, zu denen die Christenheit es gebracht hat! Würde man kein einziges Wort
vom Christentum hören, dann würden die Menschen auch nicht so
eingebildet sein, wie sie auch niemals je im Heidentum gewesen sind;
weil aber die christlichen Vorstellungen so unchristlich in der Luft
liegen, werden diese zur potenziertesten Naseweisheit benutzt, sofern sie nicht auf eine andere, aber ebenso freche Weise mißbraucht
werden. Denn ist es nicht epigrammatisch genug, daß das Fluchen
doch im Heidentum noch nicht Brauch war, dagegen aber recht eigentlich in die Christenheit gehört; daß das Heidentum Gottes Namen

mit einem gewissen Schrecken, mit Scheu vor dem Mysteriösen, oft mit großer Feierlichkeit nannte, während in der Christenheit Gottes Name wohl das Wort ist, das in alltäglicher Rede am meisten vorkommt, und unbedingt das Wort, bei dem man sich am wenigsten denkt und das am nachlässigsten gebraucht wird, weil der arme offenbare Gott (der unvorsichtig und unklug genug war, offenbar zu werden, statt sich verborgen zu halten, wie sonst immer die Vornehmheit tut) eine für die ganze Bevölkerung nur allzu bekannte Persönlichkeit geworden ist, dem man dann den übermäßig großen Dienst erweist, hin und wieder mal in die Kirche zu gehen, wofür man dann auch vom Pfarrer gelobt wird, der einem im Namen Gottes für die Ehre des Besuches dankt und einen mit dem Titel ‹fromm› beehrt, dagegen ein wenig gegen die stichelt, die Gott niemals die Ehre erweisen, in die Kirche zu gehen.

Die Sünde, an der Vergebung der Sünden zu verzweifeln, ist *Ärgernis*. Darin hatten die Juden vollkommen recht, daß sie sich an Christus ärgerten, weil er die Sünden vergeben wollte. Es gehört ein besonders hoher Grad von Geistlosigkeit dazu (will sagen diejenige, die normalerweise in der Christenheit zu finden ist), um, wenn man nicht glaubt (und in diesem Fall glaubt man ja, daß Christus Gott war), nicht daran Ärgernis zu nehmen, daß ein Mensch Sünden vergeben kann. Und außerdem gehört da ein ebenso besonderer Grad Geistlosigkeit dazu, um nicht daran Ärgernis zu nehmen, daß Sünde vergeben werden kann. Es ist für menschlichen Verstand das Unmöglichste von allem — ohne daß ich dies deshalb als Genialität anpreisen möchte, es nicht glauben zu können; denn es *soll* geglaubt werden.

Im Heidentum war natürlich diese Sünde nicht zu finden. Hätte der Heide (was er schon deshalb nicht vermochte, weil ihm die Gottesvorstellung fehlte) die wahre Vorstellung von Sünde haben können: er hätte nicht weiter kommen können als dazu, über seine Sünde zu verzweifeln. Ja, was mehr ist (und hierin ist all das Zugeständnis, das man menschlichem Verstand und Denken machen kann), man müßte den Heiden loben, der es wirklich dahin gebracht hätte, nicht über die Welt, nicht über sich selbst in allgemeinem Sinne zu verzweifeln, sondern über seine Sünde *. Hierzu gehört, menschlich ge-

---

* Man wird bemerken, daß Verzweiflung über die Sünde also dialektisch in Richtung auf den Glauben verstanden ist. Daß dieses Dialektische besteht (wenn auch diese Schrift die Verzweiflung nur als Krankheit behandelt), darf niemals vergessen werden, es liegt ja darin, daß Verzweiflung auch

sprochen, sowohl Tiefsinn wie ethische Bestimmungen. Weiter kann kein Mensch als solcher kommen, und selten genug ist es, daß jemand so weit kommt. Aber christlich verstanden ist alles verändert; denn du sollst die Vergebung der Sünden glauben.

Und wo befindet sich die Christenheit in Hinsicht auf die Vergebung der Sünden? Ja, der Zustand der Christenheit ist eigentlich Verzweiflung an der Vergebung der Sünden; dies muß jedoch so verstanden werden, daß sie so weit zurückliegt, daß der Zustand nicht einmal als solcher offenbar ist. Man ist nicht einmal zum Bewußtsein der Sünde gekommen, man kennt nur die Art von Sünden, die das Heidentum auch kannte, und lebt glücklich und wohl in heidnischer Sicherheit. Aber dadurch, daß man in der Christenheit lebt, geht man weiter als das Heidentum, man geht hin und bildet sich ein, daß diese Sicherheit — ja, es kann in der Christenheit nicht anders sein — das Bewußtsein von der Vergebung der Sünden sei, worin die Pfarrer die Gemeinde bestärken.

Das Grundunglück der Christenheit ist eigentlich das Christentum, daß die Lehre vom Gottmenschen (christlich verstanden, wohlbemerkt, gesichert im Paradox und der Möglichkeit des Ärgernisses), indem sie eitel und eitel gepredigt wird, eitel genommen wird, daß der Qualitätsunterschied zwischen Gott und Mensch pantheistisch aufgehoben ist (zuerst auf vornehm-spekulative Art, später pöbelhaft auf Gassen und Straßen). Niemals hat je eine Lehre auf Erden wirklich Gott und Mensch so nahe zusammengebracht wie das Christentum; das konnte auch keine, nur Gott selbst kann dies tun, jede menschliche Erfindung wird doch ein Traum, eine unsichere Einbildung. Aber niemals hat auch je eine Lehre so sorgfältig sich gegen die grauenvollste aller Gotteslästerungen gewehrt, die Lästerung, nachdem Gott diesen Schritt getan hatte, es eitel zu nehmen, als käme das auf eins heraus: Gott und Mensch — niemals hat je eine Lehre sich so dagegen gewehrt wie das Christentum, das sich mit Hilfe des Ärgernisses wehrt. Wehe den schlappen Rednern, wehe

das erste Moment im Glauben ist. Wenn die Richtung dagegen weg vom Glauben führt, weg vom Gottesverhältnis, dann ist Verzweiflung über die Sünde die neue Sünde. Im Geistesleben ist alles dialektisch. Ärgernis ist ja so, als aufgehobene Möglichkeit, ein Moment im Glauben; aber Ärgernis in der Richtung vom Glauben fort ist Sünde. Man kann es einem Menschen zur Last legen, daß er am Christentum nicht einmal Ärgernis nehmen kann. Wenn man so spricht, redet man ja über das Ärgernisnehmen wie über etwas Gutes. Und dagegen muß man ja sagen, daß das Ärgernisnehmen Sünde ist.

den leichtfertigen Denkern und wehe, wehe dem ganzen Anhang, der von ihnen gelernt und sie gepriesen hat!

Soll im Dasein Ordnung gehalten werden — und das will Gott doch, denn er ist nicht der Gott der Verwirrung —, dann muß zuallererst aufgepaßt werden, daß jeder Mensch ein einzelner Mensch ist, sich bewußt wird, ein einzelner Mensch zu sein. Bekommen die Menschen erst Erlaubnis, zusammenzulaufen zu dem, was Aristoteles die Tierbestimmung nennt: zur Masse; wird darauf dieses Abstraktum dafür angesehen, etwas zu sein (während es doch weniger als nichts ist, weniger als der geringste einzelne Mensch): dann dauert es nicht lange, bis dieses Abstraktum Gott wird. Und dann, dann trifft es ja *philosophice* zu mit der Lehre vom Gott-Menschen. Wie man so im Staatsleben gelernt hat, daß die Menge dem König imponiert und die Zeitungen den Konferenzrednern, so entdeckt man zum Schluß, daß die Summe der Summen aller Menschen Gott imponiert. Dies wird dann die Lehre vom Gott-Menschen genannt, oder daß Gott und Mensch dasselbe durch dasselbe sind (*idem per idem*). Es versteht sich, verschiedene von den Philosophen, die dazu mitgewirkt haben, diese Lehre von dem Übergewicht der Generation über das Individuum auszubreiten, die wenden sich mit Ekel ab, wenn ihre Lehre so tief gesunken ist, daß der Pöbel der Gott-Mensch ist. Aber diese Philosophen vergessen, daß es doch ihre Lehre ist, sie übersehen, daß sie nicht wahrer war, als die Vornehmen sie annahmen, als die Elite der Vornehmen oder ein ausgewählter Kreis von Philosophen die Inkarnation war.

Das will sagen, die Lehre vom Gott-Menschen hat die Christenheit frech gemacht. Es sieht beinahe aus, als wäre Gott zu schwach gewesen. Es ist, als wäre es ihm gegangen wie dem Gutmütigen, der zu große Zugeständnisse macht und dann mit Undankbarkeit belohnt wird. Es ist Gott, der die Lehre vom Gottmenschen erfand, und jetzt hat die Christenheit sie frech umgedreht und dichtet Gott ihre Verwandtschaft an, so daß das Zugeständnis, das Gott gemacht hat, ungefähr dasselbe bedeutet, was es in diesen Zeiten bedeutet, wenn ein König eine freiere Verfassung gibt — und das weiß man doch, was das bedeutet: «Das hatte er doch nötig.» Es ist, als wäre Gott in Verlegenheit gekommen; es ist, als hätte der Kluge recht, wenn er zu Gott sagte: Daran hast du selber schuld, weshalb hast du dich so viel mit den Menschen eingelassen. Es wäre ja doch niemals einem Menschen eingefallen, niemals in eines Menschen Herz gekommen, daß es Gleichheit zwischen Gott und Mensch geben sollte. Du selbst warst es, der dies verkünden ließ, nun erntest du die Früchte.

Doch das Christentum hat sich von Anfang an gesichert. Es beginnt mit der Lehre von der Sünde. Die Kategorie der Sünde ist die Kategorie des Einzelnen. Die Sünde läßt sich überhaupt nicht spekulativ denken. Der einzelne Mensch unterliegt nämlich dem Begriff; man kann nicht einen einzelnen Menschen denken, sondern nur den Begriff Mensch. — Deshalb geschieht es, daß die Spekulation sofort auf die Lehre von der *Übermacht* der Generation über das Individuum kommt; denn daß die Spekulation die *Ohnmacht* des Begriffs im Verhältnis zur Wirklichkeit anerkennen sollte, ist nicht zu verlangen. — Aber wie man nicht einen einzelnen Menschen denken kann, so auch nicht einen einzelnen Sünder; man kann die Sünde denken (dann wird sie die Negation), aber nicht einen einzelnen Sünder. Doch eben deshalb kann es auch nicht ernst werden mit der Sünde, wenn sie bloß gedacht werden soll. Denn der Ernst ist gerade, daß du und ich Sünder sind, der Ernst ist nicht die Sünde überhaupt, sondern der Nachdruck des Ernstes liegt auf dem Sünder, der der Einzelne ist. Im Verhältnis zu dem ‹einzelnen Menschen› muß die Spekulation, wenn sie konsequent ist, eigentlich sehr höhnisch darüber sein, daß man ein einzelner Mensch ist oder daß man das ist, was nicht gedacht werden kann; sie müßte, wenn sie etwas in dieser Richtung tun wollte, zu dem Einzelnen sagen: Ist dies etwas, um die Zeit damit zu vertrödeln, sieh vor allem zu, es zu vergessen; dies, ein einzelner Mensch zu sein, heißt, nichts zu sein, denke — dann bist du die ganze Menschheit, *cogito ergo sum*. Vielleicht aber wäre auch dies eine Lüge und der einzelne Mensch, und dies, ein einzelner Mensch zu sein, das Höchste. Doch laß gut sein. Aber ganz konsequent müßte die Spekulation auch sagen: Ein einzelner Sünder zu sein, das bedeutet, nichts zu sein, es liegt unterhalb des Begriffs, vergeude nicht die Zeit damit usw. Und was dann weiter, soll man vielleicht, statt ein einzelner Sünder zu sein, die Sünde denken (gleichwie man aufgefordert wurde, statt ein einzelner Mensch zu sein, den Begriff Mensch zu denken)? Und was dann weiter, wird man dann vielleicht, indem man die Sünde denkt, selbst ‹die Sünde› — *cogito ergo sum*? Ein vortrefflicher Vorschlag! Indessen braucht man doch nicht zu fürchten, so die Sünde zu werden, die — reine Sünde; denn die Sünde läßt sich gerade nicht denken. Dies muß doch wohl die Spekulation selbst zugeben, da die Sünde ja der Abfall vom Begriff ist. Um aber nicht länger aus den Zugeständnissen (*e concessis*) zu disputieren, in der Hauptsache ist die Schwierigkeit eine andere. Die Spekulation nimmt sich nicht davor in acht, daß im Verhältnis zur Sünde das Ethische mit dabei ist, das immer umgekehrt wie die Spekulation pointiert und gerade die entgegengesetzten Schritte macht; denn das Ethische abstrahiert nicht von der Wirklichkeit, sondern vertieft in die Wirklichkeit hinein, operiert wesentlich mit Hilfe der spekulativ übersehenen und verachteten Kategorie: das Einzelsein. Sünde ist eine Bestimmung des Einzelnen; es ist Leichtfertigkeit und neue Sünde, so zu tun, als wäre es nichts, ein einzelner Sünder zu sein — wenn man selbst dieser einzelne Sünder ist. Hier schlägt das Christentum zu, schlägt ein Kreuz vor der Spekulation; es ist der Spekulation ebenso unmöglich, aus dieser Schwierigkeit herauszukommen, wie für ein Segelschiff, vorwärts zu segeln mit direktem Gegenwind. Der Ernst der Sünde ist deren Wirklichkeit in dem Einzelmenschen, ob du es bist oder ich; spekulativ soll man von dem Einzelnen absehen: also kann man nur leichtsinnig spekulativ von der Sünde reden. Die Dialektik der Sünde steht der der Spekulation vielmehr direkt entgegen.

Hier beginnt das Christentum mit der Lehre von der Sünde und dadurch mit dem *Einzelnen* *. Denn freilich ist es das Christentum, das die Lehre vom Gott-Menschen verkündet hat, von der Gleichheit zwischen Gott und Mensch, aber es ist ein großer Hasser von albernem oder naseweisem Zunahetreten. Mit Hilfe der Lehre von der Sünde und dem einzelnen Sünder haben Gott und Christus ein für allemal, ganz anders als irgendein König, sich gesichert gegen das Volk, die Leute und die Masse, Publikum usw. usw., *item* gegen jede Forderung nach einer freieren Verfassung. Alle jene Abstrakta sind

---

* Die Lehre von der Sünde des Menschengeschlechtes ist oft mißbraucht worden, weil man nicht darauf aufmerksam gewesen ist, daß die Sünde, wie gemeinsam sie auch für alle ist, die Menschen nicht unter einen Sammelbegriff zusammenfaßt, in Gesellschaft oder Kompagnie (‹sowenig wie draußen auf dem Kirchhof die Masse der Toten eine Gesellschaft bildet›), sondern die Menschen in Einzelne auseinandersplittert und jeden Einzelnen als Sünder festhält, welche Aufsplitterung in einem anderen Sinne sowohl in Übereinstimmung mit der Vollkommenheit des Daseins ist als auch teleologisch in Richtung auf diese geht. Hierauf war man nicht aufmerksam gewesen und hat dann das gefallene Geschlecht ein für allemal wieder gut sein lassen durch Christus. Und so hat man doch wiederum Gott ein Abstraktum auf den Hals geladen, das als Abstraktum in näherer Verwandtschaft mit ihm stehen will. Aber das ist ein Deckmantel, der bloß die Menschen frech macht. Wenn nämlich ‹der Einzelne› sich mit Gott verwandt fühlen soll (und dies ist die Lehre des Christentums), so bekommt er auch in Furcht und

für Gott überhaupt nicht da; es leben für Gott in Christo lauter einzelne Menschen (Sünder) — doch kann Gott gut das Ganze überschauen, und obendrein kann er sich der Sperlinge annehmen. Gott ist überhaupt ein Freund der Ordnung; und zu dem Zweck ist er selbst an jedem Punkt zugegen, in jedem Augenblick (was im Lehrbuch aufgeführt wird als eine der Titulaturen, unter denen Gott benannt wird und an die die Menschen hier und da ein bißchen denken, an die in jedem Augenblick zu denken sie aber wohl niemals den Versuch machen), er ist allgegenwärtig. Sein Begriff ist nicht wie der der Menschen, dem der Einzelne als das unterliegt, was nicht im Begriff aufgehen kann; sein Begriff umfaßt alles, und in einem anderen Sinne hat er überhaupt keinen Begriff. Gott behilft sich nicht mit einer Abbreviatur, er begreift (*comprehendit*) die Wirklichkeit selbst, all das einzelne; für ihn geht der Einzelne nicht im Begriff unter.

Die Lehre von der Sünde, davon, daß du und ich Sünder sind, welche Lehre unbedingt ‹die Masse› aufsplittert, befestigt nun den Qualitätsunterschied zwischen Gott und Mensch so tief, wie er niemals je zuvor befestigt wurde — denn dies kann wiederum nur Gott; die Sünde ist ja: *vor Gott* usw. In nichts ist ein Mensch so verschieden von Gott wie darin, daß er, und das ist jeder Mensch, ein Sünder ist und dies ‹vor Gott› ist, wodurch ja die Gegensätze in doppeltem Sinne zusammengehalten werden, sie werden zusammengehalten (*continentur*), sie bekommen nicht die Erlaubnis, voneinander wegzugehen, aber indem sie so zusammengehalten werden, zeigen die Unterschiede sich desto stärker, so, wie wenn man davon redet, daß man zwei Farben zusammenhält: die Gegensätze treten deutlicher hervor, indem man sie nebeneinanderstellt (*opposita juxta*

Zittern den ganzen Druck davon zu spüren, er müßte, wenn dies nicht eine alte Entdeckung wäre, die Möglichkeit des Ärgernisses entdecken. Soll es aber durch ein Abstraktum geschehen, daß der Einzelne zu dieser Herrlichkeit kommt, dann wird die Sache viel zu leicht und ist im Grunde eitel genommen. Der Einzelne bekommt dann nicht den ungeheuren Druck von Gott, der in Demütigung ebenso tief herabdrückt, wie er emporhebt, der Einzelne bildet sich ein, alles ohne weiteres zu haben, indem er an jenem Abstraktum teilnimmt. Mit dem Menschsein ist es nicht wie mit dem Tiersein, wo das Exemplar weniger ist als die Art. Der Mensch zeichnet sich nicht bloß durch die Vorzüge, die gewöhnlich genannt werden, vor anderen Tierarten aus, sondern qualitativ dadurch, daß das Individuum, der Einzelne mehr ist als die Art. Und diese Bestimmung ist wiederum dialektisch, bedeutet, daß der Einzelne Sünder ist, aber dann wieder, daß es Vollkommenheit ist, der Einzelne zu sein.

se posita magis illucescunt). Die Sünde ist von dem, was sonst über einen Menschen ausgesagt wird, das einzige, das auf keine Weise, weder *via negationis* noch *via eminentiae* [weder auf dem Weg der Verneinung noch auf dem Weg der Verstärkung], von Gott ausgesagt werden kann. Von Gott auszusagen (im selben Sinne wie, daß er nicht endlich ist, also *via negationis*, daß er unendlich ist), daß er nicht ein Sünder ist, ist Gotteslästerung.

Als Sünder ist der Mensch von Gott geschieden durch den tiefsten Abgrund der Qualität. Und selbstverständlich ist Gott wiederum vom Menschen getrennt durch die Abgrundtiefe derselben Qualität, wenn er Sünden vergibt. Wenn es doch nämlich sonst sich machen ließe durch eine umgekehrte Art von Akkommodation, das Göttliche in das Menschliche zu überführen: in einem kommt er niemals dazu, Gott zu gleichen, im Vergeben von Sünden.

Hier liegt die äußerste Konzentration des Ärgernisses, die die Lehre für nötig befunden hat, welche gerade die Gleichheit zwischen Gott und Mensch gelehrt hat.

Aber Ärgernis ist die entscheidendste Bestimmung der Subjektivität, des einzelnen Menschen, die möglich ist. Freilich ist dies, ein Ärgernis zu denken ohne einen Ärgernisnehmenden, nicht ebenso unmöglich, wie ein Flötenspiel zu denken ohne Flötenspieler; aber selbst das Denken muß doch gewiß zugestehen, daß Ärgernis noch mehr als Verliebtheit ein unwirklicher Begriff ist, welcher erst wirklich wird jedesmal, wenn es einen, einen Einzelnen gibt, der Ärgernis nimmt.

Ärgernis verhält sich also zum Einzelmenschen. Und damit beginnt das Christentum, indem es jeden Menschen zu einem Einzelnen, einem einzelnen Sünder macht; und jetzt konzentriert es alles, was Himmel und Erde an Möglichkeit des Ärgernisses auftreiben kann (nur Gott kann darüber verfügen): und dies ist Christentum. Es sagt zu jedem Einzelmenschen: Du sollst glauben, d. h.: du sollst entweder Ärgernis nehmen, oder du sollst glauben. Weiter kein einziges Wort, da ist nichts weiter hinzuzufügen. «Nun habe ich gesprochen», sagt Gott im Himmel, «in der Ewigkeit sprechen wir uns wieder. Du kannst in der Zwischenzeit machen, was du willst, aber das Gericht steht bevor.»

Ein Gericht! Ja, das haben wir Menschen ja gelernt, das lehrt ja die Erfahrung, wenn da eine Meuterei auf einem Schiff oder in einer Armee ist, dann gibt es so viele Schuldige, daß man auf die Strafe verzichten muß; und wenn es das Publikum ist, das hochgeehrte, gebildete Publikum, oder das Volk, dann ist es nicht bloß kein Ver-

brechen, sondern es ist der Zeitung zufolge, auf welche man sich verlassen kann wie auf das Evangelium oder die Offenbarung, Gottes
Wille. Woher kommt das? Es kommt daher, daß der Begriff Gericht
sich auf den Einzelnen bezieht, man urteilt nicht *en masse*, man kann
Menschen *en masse* totschlagen, auf sie *en masse* spritzen, ihnen *en
masse* schmeicheln, kurz, die Leute auf viele Weise wie Vieh behan-
deln, aber sie wie Vieh richten kann man nicht, denn Vieh kann
man nicht verurteilen; wenn da auch noch so viele verurteilt werden,
soll das Urteil Ernst und Wahrheit haben, wird jeder Einzelne *
verurteilt. Wenn nun so viele die Schuldigen sind, dann läßt sich
dies menschlich nicht machen; deshalb gibt man das Ganze auf, man
sieht ein, daß hier nicht die Rede sein kann von irgendeinem Urteil,
es sind zu viele, um sie zu verurteilen, man kann sie nicht fassen,
oder man kann es nicht schaffen, den Einzelnen zu fassen, deshalb
muß man es aufgeben zu *richten*.

Und da man nun in unserer aufgeklärten Zeit, wo man alle an-
thropomorphistischen und anthropopathischen Vorstellungen von
Gott unpassend findet, es doch nicht unpassend findet, Gott zu denken als einen Richter gleichwie einen gewöhnlichen Bezirksrichter
oder Generalauditeur, der eine so weitläuftige Sache nicht überschau-
en kann — so schließt man: das wird in der Ewigkeit akkurat ebenso
gehen. Laßt uns deshalb bloß zusammenhalten und uns sichern, daß
die Pfarrer auf diese Weise predigen. Und sollte da ein Einzelner
sein, der es wagte, anders zu reden, ein Einzelner, der töricht genug
wäre, sich selbst sein Leben bekümmert und verantwortlich in Furcht
und Zittern zu machen und dann auch andere plagen zu wollen:
dann wollen wir uns dadurch sichern, daß wir ihn für verrückt ansehen oder, falls es nötig werden sollte, ihn totschlagen. Wenn wir
bloß viele dabei sind, dann ist es kein Unrecht. Es ist Nonsens und
antiquiert, daß viele Unrecht tun können; was die vielen tun, ist
Gottes Wille. Vor dieser Weisheit, das wissen wir aus Erfahrung —
denn wir sind nicht unerfahrene Jünglinge, wir werfen nicht lose
Worte hin, wir reden als Männer der Erfahrung —, haben bisher
alle Menschen sich gebeugt, Könige und Kaiser und Exzellenzen;
mit Hilfe dieser Weisheit wurde bisher all unsern Kreaturen aufge-
holfen: dann soll, verdammtnochmal, auch Gott lernen, sich zu beugen. Es geht bloß darum, daß wir viele werden, richtig viele, die

---

* Siehe, deshalb ist Gott ‹der Richter›, weil es für ihn keine Masse gibt,
sondern nur Einzelne.

zusammenhalten; wenn wir das machen, so sind wir gesichert gegen das Gericht der Ewigkeit. — Ja freilich sind sie gesichert, wenn es erst in der Ewigkeit wäre, daß sie Einzelne werden sollten. Aber sie waren und sind vor Gott stets Einzelne; wer in einem Glaskasten sitzt, ist nicht so geniert, wie jeder Mensch es ist vor Gottes Durchschauungsvermögen. Dies ist das Gewissensverhältnis. Mit Hilfe des Gewissens ist es so eingerichtet, daß die Anzeige sofort jede Schuld begleitet und daß der Schuldige derjenige ist, der sie selbst schreiben muß. Aber sie wird geschrieben mit Geheimtinte und wird deshalb erst recht deutlich, wenn sie in der Ewigkeit ins Licht gehalten wird, während die Ewigkeit die Gewissen revidiert. Im Grunde kommt jeder in der Ewigkeit so an, daß er selbst die genaueste Anzeige über die geringste Unbedeutendheit, die er verbrach oder unterließ, mitbringt und überliefert. Gericht zu halten in der Ewigkeit könnte deshalb ein Kind leisten; da ist eigentlich nichts zu tun für einen Dritten, alles bis zu dem unbedeutendsten Wort, das gesprochen wurde, ist in Ordnung. Es geht dem Schuldigen, der auf der Reise durch das Leben zur Ewigkeit ist, wie es jenem Mörder ging, der auf der Eisenbahn mit deren Schnelligkeit fortflüchtete vom Tatort — und seinem Verbrechen: ach, gerade unter dem Wagen, in dem er saß, lief der elektromagnetische Telegraph mit seinem Signalement und dem Befehl, ihn anzuhalten auf der ersten Station. Als er auf der Station ankam und aus dem Wagen stieg, war er Arrestant — er hatte in gewisser Weise seine Anzeige selbst mitgebracht.

Also Verzweiflung über die Vergebung der Sünden ist Ärgernis. Und Ärgernis ist die Potenzierung der Sünde. Daran denkt man gewöhnlich überhaupt nicht; man rechnet im allgemeinen wohl kaum das Ärgernis zur Sünde, nicht von ihr spricht man, sondern nur von Sünden, unter welchen das Ärgernis nicht Platz findet. Ja, noch weniger versteht man Ärgernis als Potenzierung der Sünde. Das kommt daher, daß man nicht, christlich, den Gegensatz bildet: Sünde — Glaube, sondern den Gegensatz: Sünde — Tugend.

C. Die Sünde, das Christentum modo ponendo aufzugeben, es für Unwahrheit zu erklären

Dies ist die Sünde gegen den Heiligen Geist. Das Selbst ist hier am verzweifeltsten potenziert; es wirft nicht bloß das ganze Christentum von sich, sondern macht es zur Lüge und Unwahrheit — welche ungeheuer verzweifelte Vorstellung von sich selbst muß das Selbst haben!

Die Potenzierung der Sünde zeigt sich deutlich, wenn man sie als einen Krieg zwischen Mensch und Gott auffaßt, bei dem die Taktik verändert wird; die Potenzierung ist das Steigern vom Defensiven zum Offensiven. Sünde ist Verzweiflung, hier wird ausweichend gekämpft. Dann kam die Verzweiflung über die eigene Sünde, hier wird noch einmal ausweichend gekämpft oder sich befestigend innerhalb seiner zurückgezogenen Stellung, aber stets indem man sich zurückzieht (*pedem referens*). Jetzt wird die Taktik geändert; obgleich die Sünde sich mehr und mehr in sich selbst vertieft und so sich entfernt, kommt sie doch in einem anderen Sinne näher, wird immer entschiedener sie selbst. Die Verzweiflung an der Vergebung der Sünden ist eine bestimmte Position gegenüber einem Angebot von Gottes Barmherzigkeit; die Sünde ist nicht ganz auf der Flucht, nicht bloß defensiv. Aber die Sünde, das Christentum aufzugeben als Unwahrheit und Lüge, ist offensiver Krieg. All das Vorhergehende macht doch in gewisser Weise seinem Gegner das Zugeständnis, daß er der Stärkere ist. Aber jetzt ist die Sünde im Angriff.

Die Sünde gegen den Heiligen Geist ist die positive Form des Ärgernisses (Verärgertheit).

Die Lehre des Christentums ist die Lehre vom Gott-Menschen, von der Verwandtschaft zwischen Gott und Mensch, aber wohlgemerkt so, daß die Möglichkeit des Ärgernisses, wenn ich so sagen darf, die Garantie ist, durch die Gott sich sichert, daß der Mensch ihm nicht zu nahe kommt. Die Möglichkeit des Ärgernisses ist das dialektische Moment in all dem Christlichen. Wird sie fortgenommen, dann ist das Christliche nicht bloß Heidentum, sondern etwas so Phantastisches, daß das Heidentum dies für Unsinn erklären müßte. Es ist niemals einem Menschen eingefallen, Gott so nahe zu sein, wie das Christentum lehrt, daß der Mensch ihm nahe kommen kann und ihm nahe zu kommen wagt und ihm nahe kommen soll in Christo. Soll dies nun einfach verstanden werden, so ganz ohne weiteres, ohne die allergeringste Zurückhaltung, ganz ungeniert wie ein frischer junger Bursche: dann ist das Christentum, wenn man das Gedicht des Heidentums über die Götter menschlichen Wahnsinn nennen will, die Erfindung eines wahnsinnigen Gottes; auf eine solche Lehre konnte nur ein Gott, der den Verstand verloren hat, verfallen — so muß ein Mensch urteilen, der noch seinen Verstand bewahrt hat. Der inkarnierte Gott würde, wenn der Mensch so ohne weiteres Kamerad mit ihm sein sollte, ein Seitenstück zu Prinz Heinrich bei Shakespeare werden [Heinrich IV.].

Gott und Mensch sind zwei Qualitäten, zwischen denen ein unendlicher Qualitätsunterschied besteht. Jede Lehre, die diesen Unterschied übersieht, ist, menschlich gesprochen, Wahnsinn, göttlich verstanden, Gotteslästerung. Im Heidentum machte der Mensch Gott zum Menschen (Menschen-Gott); im Christentum macht Gott sich zum Menschen (Gott-Mensch) — aber in dieser unendlichen Liebe seiner erbarmenden Gnade macht er doch *eine* Bedingung, er kann nicht anders. Eben dies ist die Trauer in Christo, «er kann nicht anders»; er kann sich selbst erniedrigen, Knechtsgestalt annehmen, leiden, sterben für die Menschen, alle einladen, zu ihm zu kommen, jeden einzelnen Lebenstag opfern und jedes Tages Stunde und das Leben opfern — aber die Möglichkeit des Ärgernisses kann er nicht wegnehmen. O Tat der einzigsten Liebe, o unergründliche Trauer der Liebe, daß Gott selbst nicht kann — wie er auch in einem anderen Sinne nicht will, nicht wollen kann —, aber selbst wenn er wollte, dies nicht unmöglich machen kann, daß diese Tat der Liebe einem Menschen gerade zum Gegensatz werden kann, zum äußersten Elend! Denn das größtmögliche menschliche Elend, größer noch als die Sünde, ist Ärgernisnehmen an Christus und im Ärgernis verbleiben. Und dies kann Christus nicht, dies kann «die Liebe» nicht unmöglich machen. Siehe, deshalb sagt er: «Selig der, der sich nicht an mir ärgert.» Mehr kann er nicht tun. Also er kann, das ist möglich, durch seine Liebe dahin kommen, einen Menschen so elend zu machen, wie ein Mensch es nie zuvor werden konnte. O unergründlicher Widerspruch in der Liebe! Aber doch kann er — aus Liebe es nicht über sein Herz bringen, es zu unterlassen, die Tat der Liebe zu vollenden; ach, wenn sie dann doch einen Menschen so elend machte, wie er es sonst niemals geworden wäre!

Laßt uns recht menschlich davon reden. O armselig ein Mensch, der niemals den Drang gefühlt hat, aus Liebe alles zu opfern, der also dies nicht gekonnt hat! Wenn er dann aber entdeckte, daß gerade diese seine Auopferung in Liebe, daß möglicherweise gerade sie das größte Unglück des anderen Menschen, des Geliebten würde: was dann? Dann verlöre entweder die Liebe in ihm ihre Spannkraft, sie sänke zusammen von einer Lebensmacht zu dem verschlossenen Grübeln eines wehmütigen Gefühls, er gäbe seine Liebe auf, er wagte es nicht, diese Tat der Liebe zu tun, selbst umsinkend, nicht unter der Tat, sondern unter dem Gewicht jener Möglichkeit. Denn wie ein

Gewicht unendlich viel schwerer wird, wenn es am Ende einer Stange angebracht wird und der Stemmende sie am andern Ende halten soll, so wird jede Tat unendlich viel schwerer, wenn sie dialektisch wird, und am schwersten, wenn sie sympathetisch-dialektisch wird, so daß, was die Liebe für den Geliebten zu tun treibt, wiederum in einem anderen Sinne die Sorge für den Geliebten zu verbieten scheint. — Oder die Liebe würde siegen, und er wagte es aus Liebe. Oh, aber in der Freude der Liebe (wie die Liebe immer froh ist, besonders wenn sie alles opfert) wäre doch eine tiefe Trauer — denn es wäre ja möglich! Siehe, deshalb vollendete er die Tat dieser seiner Liebe, er brächte das Opfer (bei dem er für sein Teil jubelte) nicht ohne Tränen: Es schwebt über dieser, wie soll ich es nennen, dieser Historienmalerei der Innerlichkeit jene düstere Möglichkeit. Und doch, hätte diese nicht darüber geschwebt, so wäre seine Tat nicht die der wahren Liebe gewesen. — O mein Freund, was hast du wohl im Leben versucht! Strenge dein Gehirn an, reiße jede Bedeckung zur Seite und entblöße die Eingeweide deines Gefühls in deiner Brust, schleife jede Befestigung, die dich von dem trennt, von dem du liest, und lies dann Shakespeare — und du sollst schaudern vor Konflikten. Aber vor den eigentlichen religiösen Konflikten scheint selbst Shakespeare zurückgeschaudert zu sein. Vielleicht lassen sich diese auch nur in der Sprache der Götter ausdrücken. Und diese Sprache kann kein Mensch reden; denn wie bereits ein Grieche so schön gesagt hat: von den Menschen lernt der Mensch reden, von den Göttern schweigen.

Es ist die Möglichkeit des Ärgernisses, die nicht weggenommen werden kann, daß es einen unendlichen Qualitätsunterschied zwischen Gott und Mensch gibt. Aus Liebe wird Gott Mensch; er sagt: Sieh her, was es ist, Mensch zu sein, aber, fügt er hinzu, o nimm dich in acht, denn ich bin zugleich Gott — selig der, der sich nicht an mir ärgert. Er nimmt als Mensch eines geringen Knechtes Gestalt an, er drückt aus, was ein geringer Mensch zu sein heißt, damit kein Mensch sich ausgeschlossen glauben kann oder meinen soll, daß es menschliches Ansehen ist und Ansehen unter den Menschen, was einen näher zu Gott bringt. Nein, er ist der geringe Mensch. Siehe hierher, sagt er, und vergewissere dich dessen, was es heißt, ein Mensch zu sein, o aber nimm dich in acht; denn ich bin zugleich Gott — selig der, der sich nicht an mir ärgert. Oder umgekehrt: Der Vater und ich sind eins, doch bin ich dieser einzelne geringe Mensch, arm, verlassen, in die Gewalt der Menschen gegeben — selig der, der sich nicht an mir ärgert. Ich, dieser geringe Mensch, bin derjenige, welcher macht, daß Taube hören, Blinde sehen, Lahme gehen, Aussätzige rein werden, Tote auferstehen — selig der, der sich nicht an mir ärgert.

In Verantwortlichkeit gegenüber der höchsten Stelle erkühne ich mich deshalb zu sagen, daß dieses Wort: Selig der, der sich nicht an mir ärgert, mit zur Verkündigung von Christo gehört, wenn auch nicht auf dieselbe Art wie die Einsetzungsworte zum Abendmahl, so doch wie die Worte: Jeder prüfe sich selbst. Sie sind Christi eigene Worte, und sie müssen, besonders in der Christenheit, immer wieder eingeschärft, wiederholt und gesagt werden zu jedem Einzelnen besonders. Überall*, wo diese Worte nicht mit erklingen, oder in jedem Falle, wo die Darstellung des Christlichen nicht in jedem Punkt durchdrungen ist von diesem Gedanken: da ist das Christentum Blasphemie. Denn ohne Leibwache und ohne Diener, die ihm den Weg bereiten konnten und die Menschen aufmerksam machen konnten, wer es war, der da kam: ging Jesus hier auf Erden in geringer Knechtsgestalt. Aber die Möglichkeit des Ärgernisses (oh, als ob sie in seiner Liebe ihm die Trauer war!) schützte und verteidigte ihn, befestigte eine klaffende Tiefe zwischen ihm und dem, der ihm am nächsten war oder am nächsten stand.

Der nämlich, der nicht Ärgernis nimmt, er *betet an* im Glauben. Anbeten aber, welches der Ausdruck des Glaubens ist, heißt ausdrücken, daß der unendlich tiefe Abgrund der Qualität zwischen ihnen befestigt ist. Denn im Glauben ist wiederum die Möglichkeit des Ärgernisses das dialektische Moment **.

Aber die Art von Ärgernis, von der hier die Rede ist, ist *modo ponendo* [von positiver Form], sie sagt vom Christentum aus, daß es Unwahrheit und Lüge ist, und dadurch wieder dasselbe von Christus.

---

* Und dies ist jetzt fast überall in der Christenheit der Fall, die, wie es scheint, *entweder* ganz ignoriert, daß Christus selbst derjenige war, der wiederholt und innerlich vor dem Ärgernis warnte, noch gegen Schluß seines Lebens sogar seine treuen Apostel, die ihm von Anfang an gefolgt waren und um seinetwillen alles verlassen hatten; *oder* sogar stillschweigend es für eine Art überspannter Ängstlichkeit von Christus ansieht, da die Erfahrung von Tausenden und Tausenden beweise, daß man als Christus glauben kann, ohne das mindeste von der Möglichkeit des Ärgernisses gemerkt zu haben. Aber dies dürfte ein Irrtum sein, der wohl offenbar werden wird, wenn die Möglichkeit des Ärgernisses dazu kommt, die Christenheit zu richten.

** Hier ist eine kleine Aufgabe für Beobachter. Wenn man annimmt, daß all die vielen Pfarrer hier und im Ausland, die Predigten halten und

Um diese Art von Ärgernis zu beleuchten, wird es am besten sein, die verschiedenen Arten des Ärgernisses durchzugehen, welches sich prinzipiell zum Paradox (Christus) verhält und so bei jeder Bestimmung des Christlichen wiederkommt, weil jede sich zu Christus verhält, Christus *in mente* hat.

Die niedrigste Form von Ärgernis, die, menschlich gesprochen, unschuldigste, ist diejenige, das Ganze mit Christus unentschieden zu lassen und so zu urteilen: Ich erlaube mir nicht, darüber zu urteilen; ich glaube nicht, aber ich verurteile nichts. Daß dies eine Form des Ärgernisses ist, entgeht den meisten. Die Sache ist, man hat das christliche ‹Du sollst› rein vergessen. Daher kommt es, daß man nicht sieht, daß es Ärgernis ist, Christus in die Indifferenz zu stellen. Daß das Christentum dir verkündet ist, bedeutet: du sollst eine Meinung über Christus haben; er selber oder dies, daß er ist und daß er dagewesen ist, ist die Entscheidung des ganzen Daseins. Ist Christus dir verkündet, so ist es Ärgernis, zu sagen: Ich will darüber keine Meinung haben.

Doch muß dies mit einer gewissen Einschränkung in diesen Zeiten verstanden werden, wo Christus so mittelmäßig verkündet wird, wie es geschieht. Es leben freilich viele Tausende, die das Christentum verkünden hörten und die niemals etwas von diesem ‹Du sollst› gehört haben. Aber der, der es gehört hat und dann sagt: ich will keine Meinung darüber haben, der nimmt dann Ärgernis. Er leugnet nämlich Christi Gottheit, daß sie das Recht hat, von einem Menschen zu fordern, er solle eine Meinung haben. Es hilft nicht, daß ein solcher Mensch sagt: «Ich sage ja nichts aus, weder ja noch nein, über Christus»; denn dann fragt man ihn bloß: Hast du denn überhaupt keine Meinung darüber, wieweit du über ihn eine Meinung haben sollst oder nicht? Antwortet er darauf: Ja, dann fängt er sich

---

schreiben, gläubige Christen sind, wie läßt es sich dann erklären, daß man niemals das Gebet hört oder liest, das besonders in unseren Zeiten so naheliegt: Gott im Himmel, ich danke dir, daß du nicht von einem Menschen verlangt hast, er solle das Christentum begreifen; denn wenn dies gefordert würde, dann wäre ich der elendeste von allen. Je mehr ich versuche, es zu begreifen, desto unbegreiflicher kommt es mir vor, desto mehr entdecke ich nur die Möglichkeit des Ärgernisses. Deshalb danke ich dir, daß du allein den Glauben forderst, und ich bitte dich, daß du ihn mir weiterhin vermehren mögest. Dieses Gebet würde orthodox ganz und gar korrekt sein, und angenommen, es wäre im Betenden echt, würde es zugleich korrekte Ironie gegen die ganze Spekulation sein. Aber ob *der* Glaube auf Erden zu finden ist!

selbst, und antwortet er: Nein, so urteilt das Christentum dennoch, daß er eine Meinung darüber haben solle und also wiederum über Christus, daß kein Mensch so vermessen sein solle, Christi Leben wie eine Kuriosität dastehen zu lassen. Wenn Gott sich gebären läßt und Mensch wird, so ist dies nicht ein sinnloser Einfall, etwas, worauf er kommt, um sich doch etwas vorzunehmen, vielleicht um der Langeweile ein Ende zu machen, die, wie man frech gesagt hat, mit dem Gottsein verbunden sein soll — dies geschieht nicht, um Abenteuer zu erleben. Nein, Gott tut es, so ist dieses Faktum der Ernst des Daseins. Und dies ist wiederum der Ernst in diesem Ernst: daß jeder darüber eine Meinung haben *soll*. Wenn ein König eine Provinzstadt besucht, sieht er es als eine Beleidigung an, wenn ein Beamter, falls er nicht gesetzliche Gründe hat, es unterläßt, ihm seine Aufwartung zu machen; was aber würde er sagen, wenn einer das ganze Faktum ignorieren würde, daß der König in der Stadt wäre, den Privatmann spielen würde, der in dieser Hinsicht «auf seine Majestät und das Königsrecht pfeift»? Und so auch, wenn es Gott gefällt, Mensch zu werden — und es dann einem Menschen gefällt (und was der Beamte für den König ist, das ist jeder Mensch für Gott), darüber zu sagen: Ja, das ist etwas, worüber ich keine Meinung zu haben wünsche. So spricht man vornehm über das, was man im Grunde übersieht: also übersieht man vornehm Gott.

Die nächste Form des Ärgernisses ist die negative, aber leidende. Sie fühlt wohl, daß sie es nicht vermag, Christus zu ignorieren, die Sache mit Christus dahingestellt sein zu lassen und dann im übrigen Leben viel zu tun zu haben, dazu ist sie nicht imstande. Aber glauben kann sie auch nicht; sie fährt fort, auf ein und denselben Punkt hinzustarren, auf das Paradox. Insofern ehrt sie doch das Christentum, sie drückt aus, daß diese Frage: Was dünkt dich um Christus? wirklich das Entscheidendste ist. Jemand, der so im Ärgernis steht, lebt dann wie ein Schatten dahin; sein Leben wird verzehrt, weil er in seinem Innersten immer mit dieser Entscheidung beschäftigt ist, und so drückt er aus (wie das Leiden der unglücklichen Liebe im Verhältnis zur Liebe), welche Realität das Christentum hat.

Die letzte Form des Ärgernisses ist die, von der wir hier sprechen, die positive. Sie erklärt das Christentum für Unwahrheit und Lüge, sie leugnet Christus (daß er dagewesen sei und daß er der ist, der zu sein er sagte) entweder doketisch oder rationalistisch, so daß Christus entweder nicht wirklich ein einzelner Mensch wird, sondern nur scheinbar, oder daß er *nur* ein einzelner Mensch wird, so daß er entweder doketisch Poesie und Mythologie wird, die nicht Anspruch auf Wirklichkeit erhebt, oder rationalistisch eine Wirklichkeit, die nicht Anspruch erhebt, göttlich zu sein. In diesem Verneinen von Christus als Paradox liegt natürlich die Leugnung alles Christlichen: der Sünde, der Vergebung der Sünden usw.

Diese Form von Ärgernis ist Sünde wider den Heiligen Geist. Wie die Juden von Christus sagten, er treibe die Teufel mit Hilfe des Teufels aus, so macht dieses Ärgernis Christus zu einer Erfindung des Teufels.

Dieses Ärgernis ist die höchste Potenzierung der Sünde, was man so häufig übersieht, da man nicht christlich den Gegensatz Sünde — Glaube bildet.

Dagegen ist dieser Gegensatz geltend gemacht worden in dieser ganzen Schrift, die sofort im ersten Abschnitt A *A* die Formel für den Zustand aufstellte, worin überhaupt keine Verzweiflung ist: darin, sich zu sich selbst zu verhalten, und darin, man selbst sein zu wollen, gründet das Selbst durchsichtig in der Macht, die es gesetzt hat. Welche Formel wiederum, woran öfter erinnert wurde, die Definition des Glaubens ist.

Die Pseudonyme Climacus und Anti-Climacus

Am 30. Juli 1849 gab Kierkegaard ‹Die Krankheit zum Tode› unter dem Pseudonym Anti-Climacus heraus. Die ‹Philosophischen Brocken› und die ‹Unwissenschaftliche Nachschrift›, seine großen Werke zur philosophischen Auseinandersetzung mit dem Hegelianismus, trugen das Pseudonym Johannes Climacus, nach einem griechischen Einsiedler des 6. Jahrhunderts, dem Abt des Sinai-Klosters, der das Werk ‹Klimax tou paradeisou› (Die Leiter zum Paradies) verfaßt hatte. Kierkegaard hatte in seinen philosophischen Werken diesen Namen benutzt, um zu zeigen, wie weit man gelangen könne auf dem Wege logischer Konsequenz. Denn Klimax bedeutet Begriffs- und Ausdruckssteigerung in der Rede. So schreibt er in sein Tagebuch über Johannes Climacus: «Es war seine Freude, mit einem Einzelnen zu beginnen und von da auf dem Wege der Folgerung Stufe für Stufe zum Höheren aufzusteigen; denn die Konsequenz war ihm eine *scala paradisi*, und seine Seligkeit kam ihm noch herrlicher vor als die der Engel.» Anti-Climacus nun, der Name, den er für die zwei folgenden Bücher, ‹Die Krankheit zum Tode› und ‹Einübung im Christentum›, verwendet, soll ausdrücken, daß der Verfasser in ihnen «weitergegangen» ist (ein Lieblingswort der Hegelianer, das Kierkegaard wiederholt ironisiert) als die beiden vorhergehenden Schriften des Climacus. Aber Antiklimax bedeutet hier gerade Rückwendung, Umkehr der Konsequenzenreihe, ein Absteigen und Schwächen der Ausdrucksreihe, das Hinabsteigen auf der anderen Seite der Leiter.

Für ‹Die Krankheit zum Tode› bedeutet der Name Anti-Climacus, daß der Verfasser hinter den Ausgangspunkt zurückgegangen ist, von dem die Climacus-Schriften ausgingen, d. h., daß der philosophische Experimentierstandpunkt verlassen wird, um die besondere Dialektik von Glauben und Sünde anzusteuern; um beides geht es in der Verzweiflung, der Krankheit zum Tode, die jeder in sich als Anruf der Ewigkeit im zeitlichen Dasein erleben muß. «Wer glaubt, diese Krankheit nicht zu haben, ist am gefährlichsten krank», sagt Kierkegaard in seiner ‹Verfasserwirksamkeit› (XIII 528).

Drei Arten von Verfasserschaft unterscheidet Kierkegaard: 1. die der früheren Pseudonyme (Vigilius Haufniensis, Constantin Constantius, Johannes de Silentio, Johannes Climacus), 2. die der erbaulichen Werke direkt unter seinem eigenen Namen, nicht indirektmaieutisch mitteilend, sondern direkt Zeugnis ablegend von seinem Glauben, und 3. die der Anti-Climacus-Schriften: ‹Krankheit zum Tode› und ‹Einübung im Christentum›. «Die ganze frühere Pseudonymität ist niedriger als der ‹erbauliche Verfasser›; die neuere Pseudonymität [Gruppe 3] ist eine höhere. Doch auf diese Weise wird in ihr ‹angehalten› [im Gegensatz zum dialektischen ‹Weitergehen› der Philosophen], es wird das Höhere aufgewiesen, was mich gerade in meine Grenzen zurückzwingt, mich verurteilend, daß mein Leben nicht einer so hohen Forderung [des neutestamentlichen Christentums] entspricht und daß also die Mitteilung nur eine dichterische ist» [nicht existentiell verwirklichend, vgl. im Glossar des 2. Bds. der vorliegenden Ausgabe: ‹Dichterexistenz›]. Kierkegaard selbst zeichnet für ‹Die Krankheit zum Tode› und ‹Einübung im Christentum› nur als ‹Herausgeber›, während er über die Figur des Pseudonyms in seinem Tagebuch (Pap. X^1 A 517) schreibt: «Mit Johannes Climacus hat Anti-Climacus verschiedenes gemeinsam; aber der Unterschied ist: wie Johannes Climacus sich selbst so niedrigsetzt, daß er sogar sagt, er sei selbst kein Christ, so kann man an Anti-Climacus merken, daß er meint, ein Christ außerordentlichen Grades zu sein. Ich selber setze mich höher als Johannes Climacus, aber niedriger als Anti-Climacus.» Das ist sehr wichtig für Kierkegaards Selbsteinstufung im Christentum!

Verzweiflung und Angst als persönliche Probleme Kierkegaards

Ausgelöst wurde diese dritte Art von Schriftstellerei in Kierkegaard durch die ihn tief verwundende Affäre mit der Zeitschrift ‹Der Korsar›. Kierkegaard hielt seine Schriftstellerei 1847 mit der großen philosophischen Auseinandersetzung der Climacus-Schriften im wesentlichen für abgeschlossen und zog schon in Erwägung, ob er bei dahinschwindendem Vermögen nicht ein Pfarramt suchen sollte. Da trat ihm die Notwendigkeit entgegen, mit dem liberalen Schmutzblatt Abrechnung zu halten und dessen Zorn auf sich zu ziehen, so daß sich monatelang die scheußlichsten Karikaturen und Witze über seinen unglücklichen Körper, seine Dialektik und seine Schriftstellerei über ihn ergossen. Durch das tiefe Trauma, das er dabei erlitt, wurde eine neue Welle der Produktivität in ihm ausgelöst, deren Ergebnis die vertiefte Verfasserschaft von ‹Krankheit zum Tode› und ‹Einübung im Christentum› war.

Die Verzweiflung, das Thema der vorliegenden Schrift, war bereits seit den Kinderjahren Kierkegaards eine zentrale Erfahrung für ihn geworden. Grundlegend ist hier die Beobachtung, die er an seinem Vater machen mußte, daß Christentum und Glaube keineswegs die Verzweiflung ausschließen (vgl. Bd. 1 der vorl. Ausg., S. 153 f: «Armes Kind! Du steckst in einer stillen Verzweiflung.»). Unaufhörlich hat die Phänomenologie der Verzweiflung und sein Verknüpftsein mit dem Bewußtsein geheimer Schuld, eben das potenzierte Sündenbewußtsein, das keine Heilserfahrung im Glauben beruhigen kann, ihn seit seinen Kindertagen beschäftigt, und er beobachtet den Vater ständig auf diese rätselhafte Erfahrung hin (a. a. O., S. 154). Und so gehen diese Beobachtungen der Verzweiflung schon von Anfang an in sein Werk ein. In ‹Stadien auf dem Lebenswege› gibt es ein berühmtes Stück: ‹Salomos Traum› — Gott ist nicht der Gott der Frommen, sondern Gottlosen, d. h. der Verzweifelten (s. Peter P. Rohde, Sören Kierkegaard, rowohlts monographien 28, S. 25). Verborgene Schuld, Verzweiflung, Schwermut — dies ist es, was Kierkegaard als «Sünde *instar omnium*» bezeichnet, die Klippe, an dem das ästhetische Dasein bloßen Genießens scheitert. Und eben dies geht immer wieder auf das traumatische Vater-Erlebnis in ihm zurück.

Die Dialektik der Verzweiflung setzt sich fort im Regine-Opfer. In den Verzweiflungsstadien der aufzulösenden Verlobung erlebte er zutiefst, «nicht man selbst sein zu wollen und doch zugleich verzweifelt man selbst sein zu wollen». Er mußte sich darin vor allem zu seinem ewigen Selbst, d. h. dem Auftrag Gottes gerade an ihn, bekennen und alles andere darüber aufopfern. Unter den Leiden und Qualen dieser Epoche, in der er überreichlich konkretes Anschauungsmaterial für die ‹Krankheit zum Tode› gewann, treten in äußerster Konfliktsituation noch einmal alle in seiner Seelentiefe schlummernden Anlagen zu Angst und Verzweiflung zutage.

Die neuere Kierkegaard-Forschung beginnt nicht nur einseitig die Vaterbindung Kierkegaards zu beachten, sondern auch die Wurzeln seiner spezifischen Wesensart im Verhältnis zur Mutter zu erkennen. Gerade sie hat auch auf den körperlich schwächlichen Sohn in seiner Kindheit und Jugend starken Einfluß gehabt. So berichtet Hans Bröchner, daß Kierkegaard in den Augen seiner Kusinen «ein schrecklich verwöhnter und unartiger Junge» war, «der ständig an seiner Mutter Schürze hänge». Das tiefste Trauma empfing Kierkegaard wohl aus der inneren Spannung beider Elterneinflüsse zueinander. Der Vater hat versucht, ihn gewaltsam und verfrüht aus der Muttersphäre loszureißen, und so den natürlichen Loslösungsprozeß von der Mutterbindung gestört, so daß Kierkegaard sie nicht durch sich selbst auf normalem Wege überwinden konnte. Der gewaltsame Eingriff des Vaters führte dazu, daß das Weibliche und Mütterliche im Leben Kierkegaards den Charakter des Zerstörenden und Bedrohenden gegenüber dem geistigen Vaterideal annahm. Die Ehe der Eltern, an sich schon problematisch, wurde für das Kind zur schweren Belastung, weil er zugleich Liebling von Vater und Mutter war, die beide «in extremer Spannung ganz verschiedenen Welten zugehörten» (F. C. FISCHER, S. 37). Dies Verhältnis zu den beiden völlig heterogenen Elternteilen entspricht im religionsgeschichtlichen Mythos der Situation: Mutter = Materie — matrix — Erde; Vater = Geist — Himmel — Feuer. So entstand für Kierkegaard die «Grundsituation des ambivalenten Hingezogenseins und durch einen gegensätzlichen Einfluß wieder Zurückgeworfenwerdens» (a. a. O.). Diese Ambivalenz zeigt sich deutlich in der Angst als «sympathetischer Antipathie und antipathetischer Sympathie» und in der Verzweiflung als «verzweifelt man selbst und nicht man selbst sein wollen». Zwei Wertwelten stritten frühzeitig um die Seele des Kindes und verschärften seine Anlage zur Dialektik. Auch nach KÜNZLI (S. 37 ff), VETTER (S. 23 ff) und PRZYWARA (S. 127) liegt der Urkonflikt in der Seele Kierkegaards, der sein Denken bestimmt, in der gestörten Mutterbeziehung. Das kommt deutlich im Regine-Konflikt wieder ans Licht. Durch die Überbetonung des väterlichen Geistideals tritt eine Entwertung des Mütterlich-Weiblich-Körperlichen ein, die zur Aufspaltung des Weiblichen in ein idealisiertes ‹oberes› Geistwesen führt, das gleichsam vergöttlicht wird, und ein unterbewertetes Körperwesen, das geflohen wird. Es entsteht dauernd die Konfliktsituation, daß die konkrete Regine Olsen dem isolierten Geistideal nicht entsprechen kann, so daß Kierkegaard wie der junge Mensch in der ‹Wiederholung› das Ganze nur als Dichter zu sehen vermag, woran ihn die konkrete Gegenwart der Geliebten hindert. Ob hierin nicht überhaupt die Wurzel von Kierkegaards ‹Dichterexistenz› liegt, die ihn immer im Pathos der Distanz zum Dargestellten leben läßt, um es schildern zu können, was zugleich als Versagen der konkreten Wirklichkeit des Glaubens gegenüber — und eben das ist Verzweiflung — von Kierkegaard als Vorwurf gegen sich selbst empfunden wird? («Hätte ich Glauben gehabt, wäre ich bei Regine geblieben» [17. 5. 1843, Pap. IV A 107]. — «Ich kann nicht quitt werden mit diesem Verhältnis; denn ich kann es nicht dichten; denn in dem Augenblick, da ich dichten will, fährt eine Angst in mich, eine Ungeduld, die handeln will.» Vgl. auch Pap. III A 161 in: LISELOTTE RICHTER, Existenz im Glauben. Aus Dokumenten, Briefen und Tagebüchern Sören Kierkegaards. Berlin, 2. Aufl. 1956, Nr. 244.) Diese Zusammenhänge sind zentral wichtig und werfen ein neues Licht auf den ‹Begriff Angst› (Rowohlts Klassiker 71, S. 62) und auf ‹Furcht und Zittern› (RK 89, S. 13 f: das vierfach wiederholte Gleichnis von der Entwöhnung des Kindes als Beispiel für das Herausgerissenwerden des Kindes aus der Mutterbindung; vgl. E. NEUMANN in: Die Angst, Studien aus dem C. G. Jung-Institut Zürich, Bd. X, Vorträge 1958/59, Zürich/Stuttgart 1959). Gerade mit dieser Verzweiflung und Gebrochenheit weiß Kierkegaard sich so unendlich viel reicher und tiefer im Menschsein als der Spießer.

Auch dies ist das Ringen zwischen dem «verzweifelt man selbst sein wollen und verzweifelt nicht man selbst sein wollen». Auch diese traumatischen Anlagen waren ja von Gott in ihm angelegt, damit er seine Lebensaufgabe entdecken und durchführen sollte. Nur indem er so schmerzlich auf die Abgründe der Verzweiflung aufmerksam wurde, konnte er seine Zeitgenossen auf die Wesensnotwendigkeit dieser ‹Krankheit zum Tode› aufmerksam machen. Erst mußte er bei dem Versuch scheitern, ein Leben im normalen Sinne mit Ehe und Beruf zu führen, um seine tiefere, schwerere Lebensaufgabe zu erkennen und mit ihr die «ewige Bestimmung» eines jeden von uns, die unter Irrtum, Schuld und Leiden von jedem von neuem gesucht werden muß. Unter Qualen fand er und muß nach ihm jeder einzelne Mensch seine ewige Bestimmung suchen und finden. Dies ist der Sinn der ‹Krankheit zum Tode›. Angst und Verzweiflung sind die zwei Aspekte des Rufes der Ewigkeit in unsere zeitliche Existenz.

Gedankenentwicklung der Schrift

Die ‹Krankheit zum Tode› wird als Kierkegaards tiefstschürfende Schrift bezeichnet. Die Spannweite seiner Untersuchung reicht von einer Auseinandersetzung mit der Hegelschen Begriffsverwirrung zwischen Möglichkeit, Notwendigkeit und Wirklichkeit der Verzweiflung bis zur Erweckung unserer konkreten Verantwortung für unser ewiges Selbst, das von Gott gesetzt ist und von uns so leichtsinnig in der Anpassung an das äußere Fortkommen in der Welt verloren wird. Kierkegaard macht sich zum Anwalt unserer individuellen Einmaligkeit, mit der ein besonderer Plan Gottes zum Ausdruck kommen sollte.

Der Titel ‹Krankheit zum Tode› stammt aus dem 11. Kapitel des Johannes-Evangeliums: «Diese Krankheit ist nicht zum Tode.» Nicht der körperliche Tod ist der eigentliche Tod, sondern der seelische, das Absterben unseres ewigen, spirituellen Selbst noch zu unseren Lebzeiten: daß wir in Anpassung an die Welt entweder verzweifelt wir selbst (im bösen, sündigen, dämonischen Sinn) sein wollen oder verzweifelt nicht wir selbst, so wie Gott uns von Ewigkeit her haben wollte, sein wollen. Jedesmal ist es eine Verzweiflung «vor Gott». Denn wir stehen jeden Augenblick unseres Daseins *in conceptu Dei*, wenn wir uns auch verzweifelt davor drücken und die Gegenwart Gottes vergessen möchten — Verzweiflung und Angst rufen uns zurück zu unserer ewigen Bestimmung. Deshalb ist es für unser von Gott gewolltes Menschsein notwendig, daß wir diese Krankheit zum Tode, die uns von unserem zeitlichen Tode, dem Verlust des ewigen Selbst, retten soll, durchmachen. Am schlimmsten sind die Kranken, die ableugnen, diese Krankheit, Verzweiflung, überhaupt zu kennen. Unruhe und Disharmonie, die sie nicht wahrhaben wollen, zeigen doch an, daß ihnen das rechte Verhältnis zu Gott und dem ewigen Bewußtsein seiner selbst fehlt.

So ist der erste Abschnitt der ‹Krankheit zum Tode› psychologisch angelegt als eine Phänomenologie aller Erscheinungsweisen dieser Krankheit in den verschiedenen Menschentypen. In der ‹Unwissenschaftlichen Nachschrift› hatte er eine Krise in der Entwicklung eines Mannes geschildert, der sich entfaltete in der Religiosität A, der «Religiosität der reinen Innerlichkeit», die sich an das Ahnen der Ewigkeit im ethischen Stadium anschließt (vgl. ‹Stadium› im Glossar des 2. und 3. Bds.). Dort wird der Ausdruck des Johannes-Evangeliums gebraucht: «Diese Krankheit ist nicht zum Tode» (weil ja noch die Besinnung auf die Religiosität B und das Wissen, sein ganzes Leben vor Gott zu stehen, folgen kann). Zum Tode wird die Krankheit erst, wenn man sich verzweifelt sträubt, sein *ewiges* Selbst anzuerkennen.

Hierbei gibt es eine Reihe von Nuancen, je nachdem, welches Bewußtsein sich mit dem Begriff Verzweiflung verbindet. Da gibt es die bloß geahnte Verzweiflung, den nicht erkannten Sündenzustand; das nächste ist eine wachsende Sündenerkenntnis bis hin zum vollen Sündenbewußtsein. Sünde heißt Sonderung, Abtrennung und Losreißung von Gott und unserer ewigen Bestimmung. Die Grade der Verzweiflung sind die Grade des Bewußtseins dieser Sonderung und Losreißung. Zugleich ist die Verzweiflung der einzige Weg der Umkehr, durch den man aus der Sünde herauskommen, die Gnade ergreifen und den Sprung in das Paradox des Glaubens wagen kann, so, wie es Kierkegaard in seiner Jugend an seinem Vater sah, und so, wie er selbst lebenslang dies als schmerzlich-schöne Aufgabe für sich empfand, sich immer wieder schwermütig-verzweifelt *in conceptu Dei* zu stellen, darin turmhoch über den problemlosen Gewohnheitschristen der Zeit stehend (daher Anti-Climacus, der höher als das Durchschnittschristentum Stehende).

So vermag Kierkegaard durch die schweren Geschicke seines inneren Lebens eine ausführliche religiöse Typologie der Verzweiflung und damit des Sündenbewußtseins zu geben. Der zweite Hauptteil des Buches ist theologisch-dogmatisch bestimmt. Trotzdem definiert er für die Allgemeinheit der Gegenwartsmenschen den Begriff Sünde, jenes Wort, das so ungern gebraucht wird und mit dem die modernen Menschen behaupten nichts anfangen zu können. Man kann Sünde nur von ihrem Gegenbegriff her voll verstehen. Und dieser Gegenbegriff ist nicht Tugend, sondern Glaube. Tugend ist heidnisch und gehört, wie Kierkegaard sich ausdrückt, der «Gräzität des Sokrates» an, die noch mit Recht meinen konnte, aus eigener Kraft auf intellektuellem Wege aus der Sünde herauszukommen. Sokrates definiert: Tugend ist Wissen, Sünde deshalb Unwissenheit. Kierkegaard entdeckt durch die christliche Offenbarung die vertiefte Psychologie des gebrochenen Willens, der das erkannte Gute nicht tun will und so dauernd Zwischeninstanzen zwischen Erkenntnis und Verwirklichung einschiebt, bis die Erkenntnis «aus dem Kochen kommt». Demgegenüber gibt es in der Christenheit die potenzierte Form der Sünde: das Ärgernis über die Vergebung der Sünden aus Gnade, die dem Menschen erst wieder die Umkehr aus der Verzweiflung heraus ermöglicht. Kierkegaard hatte eine Zeitlang geplant, das Buch in der Gestalt seiner ‹erbaulichen Reden› herauszugeben, mußte dann aber einsehen, daß der philosophisch streng definierende und argumentierende erste Teil der Absicht als populäres Erbauungsbuch entgegenstand. Seine erweckende Zielsetzung richtet sich an den weiteren Kreis der theologisch und philosophisch Gebildeten seiner Zeit. Deutlich polemisiert er gegen die Lebensphilosophie (von der Spätromantik bis in unsere Tage), die im Glauben an die eigenen Kräfte souverän ihr Eigenes formen zu können meint. Aber genauso wendet er sich gegen den Atheismus, der das Christentum für Unwahrheit erklärt. Ihm wird Christus in seiner Knechtsgestalt entgegengestellt. Diese Darstellung Christi zeigt eine doppelte Haltung zum Menschen: Der Jammer der Knechtsgestalt offenbart ihm, was es heißt, ein Mensch zu sein, zugleich aber ruft er ihm zu: «Nimm dich in acht, ich bin zugleich Gott — selig der, der sich nicht an mir ärgert.» Hiermit ist das absolute Paradox des Zugleichseins von ewigem Gott und gebrechlicher Leidensgestalt des zeitlichen Menschen sinnfällig geworden. (Erklärungen zu den einzelnen Problemen: Notwendigkeit, Ewiges, Wirklichkeit, Möglichkeit, Werden, s. Glossar.)

Die Darstellung des heutigen Menschen in Kierkegaards Verzweiflungssituation

Durch seine tragische Veranlagung zur Verzweiflung, die durch die Lebenskonflikte in Kindheit und Jugend in ihm so extrem gesteigert war, hat Kierkegaard in der «Überfühlsamkeit», wie er es nennt, des Genies die zentralen heutigen Lebenskonflikte vorausgenommen: das Stehen im Pathos der Distanz zur Wirklichkeit, um sie formal bewältigen zu können, und zugleich die Verzweiflung über die damit verbundene Schuld dem leibhaften Leben gegenüber: die eigentliche Situation der «Existenz», gleichzeitig «nach vorwärts leben und nach rückwärts denken» zu müssen. So sind «Glaube und Wiederholung» die wichtigsten Klammern, die diesen Abgrund überbrücken und die doch, wie seine geniale Übersicht der konkreten Formen der Verzweiflung zeigt, vom Menschen nur im allerseltensten Sonderfalle des begnadeten Christseins aufgebracht werden. In vielen Erscheinungsweisen des modernen Menschen umschreibt Kierkegaard seinen eigenen Zustand, und er erweist sich damit aus den Erfahrungen seines eigenen notvollen Daseins als erster gegenwärtiger Mensch: verzweifelt nicht man selbst sein wollen, indem man sich hinter den Arbeitsaufgaben dieser Welt vergräbt, nicht nur als der erfolgreiche Geschäftsmann, der Politiker, Beamte, Vater, der sich überhaupt das Vorhandensein der Verzweiflung verhehlt; auch in der verzweifelten Geistlosigkeit des materiellen Daseins, die ewig unzufrieden nach dem höheren Lebensstandard strebt, aber darüber vergißt, die höchste Forderung des Daseins zu stellen: in ein absolutes Verhältnis zu Gott als dem Absoluten zu treten, als der Macht, die den Einzelnen in das Verhältnis zu seinem eigentlichen, geistigen, ewigen Selbst gesetzt hat. Aber genauso will auch Kierkegaard selbst (und das wirft er sich auch vor) im Grunde nicht er selbst sein. Er will lieber die Riesenarbeit übernehmen, als Genie, als ‹Dichterexistenz› (vgl. Glossar zum 2. Bd.) im Pathos der Distanz die einzelnen Erscheinungsweisen des Ärgernisses und des Glaubens zu beschreiben, als sie existierend zu sein und leidend durchzuhalten. Das heißt, er weiß aus schmerzlicher Erfahrung um sie, aber er überwindet dieses Leiden der konkreten Erfahrung in der dichterisch-dialektischen Darstellung ihrer verborgenen Erscheinungsweisen, wozu wieder das Heraustreten in die Distanz zur Verzweiflung notwendig ist. Doch kann er sich nie in der Distanz gerechtfertigt fühlen, sondern empfindet sie, obwohl wesensnotwendig, doch als schuldhaftes Versagen. Immer möchte Kierkegaard ein anderer sein, als der zu sein er gefordert ist. So weiß er um die Potenzierungen der Verzweiflung zum dämonischen Rasen: Verschlossenheit, die sich nicht aufbrechen kann, die den modernen Menschen bei SARTRE zum Erleben des Absurden im Oszillieren zwischen Notwendigkeit (= An sich = Objekt) und Möglichkeit (= Für sich = Subjekt), bei CAMUS zum Bejahen des Absurden führt, das die Wiederholung der Sisyphosqualen will, doch unter Trotz und Auflehnung — so wie Kierkegaard den aktiven Verzweiflungstyp beschreibt —, und schließlich zum Verzicht auf Menschsein, Geistsein, Persönlichkeitsein, wenn dem Menschen nur noch als Medium der Technik oder Teil der Maschine Daseinsberechtigung zugeschrieben wird.

Die Fragwürdigkeit des Christentums, die Kierkegaard charakterisiert als moderne Christen*heit*, ist angesichts der immer größer werdenden Relevanz von Kierkegaards Analyse der modernen Verzweiflung wirklich zu einer brennenden Frage geworden: Ob die Formen der Vermittlung von Transzendenz, wie sie das offizielle Christentum vornimmt, beim modernen Menschen noch ankommen, oder ob er sich nicht auf den Ernst der Verkündigung Kierkegaards besinnen, sie von unserer konkreten Daseinssituation her ‹wiederholen› sollte? Das Jasagen zur Verzweiflung ist kein Kulturpessimismus oder Nihilismus, sondern das notwendige Übergangsstadium, das schonungslos durchlaufen werden muß, wenn neue Möglichkeiten sich eröffnen sollen. Wer, durch offizielle Gedankenlosigkeit zu Resignation veranlaßt, diese höchst notwendige Stimme der Verzweiflung in sich totschlägt und «die Sache hinstehen lassen möchte», wie Kierkegaard sagt, wird durch diese Schrift aufgefordert zu überprüfen, welcher Form der Krankheit zum Tode er zuzuordnen sei: der geistlosen passiven ohne Gott als letzte Möglichkeit oder der aktiven des Trotzes und der Revolte gegen diese unendliche Möglichkeit. Wir können nicht daran vorbeileben in äußerer Betriebsamkeit, die die allgemeinste Flucht der Verzweiflung vor dem Absoluten darstellt.

Liselotte Richter

GLOSSAR

*Kierkegaard-Zitate aus ‹Krankheit zum Tode› werden mit den Seitenzahlen
der vorliegenden Ausgabe angeführt, alle anderen Zitierungen Kierkegaards
nach der 2. Aufl. der dänischen Gesamtausgabe (z. B. VII 233). — Eckige
Klammern innerhalb eines Kierkegaard-Textes schließen Bemerkungen und
Erklärungen der Übersetzerin und Herausgeberin ein.*

DÄMONISCH — Kierkegaard hat sowohl im ‹Begriff Angst› wie in ‹Krankheit zum Tode› die Psychologie des Dämonischen behandelt. Es wird als
eine besondere Form der Angst bestimmt: als «Angst vor dem Guten». Sie
herrscht, wo der Mensch im Versklavtsein an die Sünde nicht mehr gegen
das Böse kämpft, sondern verzweifelt den Kampf aufgegeben hat und nun
gerade benommen ist aus Angst vor dem Guten, nicht mehr die Freiheit
vom Bösen wünscht, sondern in der Unfreiheit der Sünde bleiben will. «Die
Sklaverei der Sünde ist ein unfreies Verhalten zum Bösen, aber das
Dämonische ist ein unfreies Verhalten zum Guten» (XI 427). Das psychologische Kennzeichen des Dämonischen ist die Verschlossenheit eines Menschen, der Mangel an Offenbarsein, das ‹Plötzliche›, der Mangel an Kontinuität. Das Dämonische hält nur verzweifelt eine Konsequenz fest: die Konsequenz des Bösen. «Nur in der Fortsetzung der Sünde ist er er selbst, nur
in ihr lebt er . . . aber was will das sagen? Dies will sagen: der Zustand in
der Sünde ist dasjenige, das tief unten, wo er hingesunken ist, ihn zusammenhält, ihn ungut stärkend durch die Konsequenz» (XI 246).

DESULTORISCH — sprunghaft, unstetig (vgl. ‹Sprung› im Glossar des 1.
Bds.). Kierkegaard liebt diesen Ausdruck, um das Diskontinuierliche und
Inkohärente des existentiellen Denkens im Gegensatz zur gleichmäßig voranschreitenden Denkweise der diskursiven Logik oder des spekulativen
Systems zu bezeichnen (vgl. «diskursiv»). So II 261: Eine Bewegung kann in
dem Grad desultorisch sein, daß es zweifelhaft wird, ob man sie eine Entwicklung nennen darf. «Die Ursprünglichkeit des Genies . . . und die Prägnanz seiner Form entspricht ganz dem desultorischen Herausschleudern eines
Gedankens. Es ist mit Leib und Seele bis zum letzten Blutstropfen in einem
einzigen Wort gesammelt, eines hochbegabten Genies leidenschaftlicher Protest gegen ein System des Daseins» (VII 236). «Die bloß desultorische Betrachtung, die nur auf die neue Sünde sieht und das Dazwischenliegende
überspringt» (S. 100). «. . . die desultorische Dialektik, die die Idee einen harten Körper werden läßt, den sie nicht durchbrechen kann, von dem sie aber
abspringt» (XIII 253 Anm.).

DETERMINISMUS — ethische Auffassung, daß das Wesen des menschlichen
Willens wie das aller Naturphänomene dem Kausalgesetz unterworfen sei.
Diese Lehre fällt für Kierkegaard zusammen mit dem Fatalismus (s. dort),
der Lehre von der feststehenden Vorausbestimmtheit aller Ereignisse, auch
aller Willenshandlungen, wegen der absoluten Schöpfermacht Gottes oder

des Schicksals. «Der Determinist, der Fatalist ist verzweifelt, und er hat als Verzweifelter sein Selbst verloren, weil alles für ihn Notwendigkeit ist. Es geht ihm wie jenem König, der Hungers starb, weil alle Nahrung sich in Gold verwandelte. Die Persönlichkeit ist eine Synthese von Möglichkeit und Notwendigkeit. Es geht deshalb mit ihrem Bestehen wie mit der Atmung (Respiration), die Ein- und Ausatmen ist. Das Selbst des Determinisisten kann nicht atmen, denn es ist unmöglich, einzig und allein das Notwendige zu atmen, welches bloß und alleine das Selbst des Menschen erstickt» (S. 38). — (Vgl. ‹Notwendigkeit›)

DISKURSIV — durchgehend, Punkt für Punkt vorgehend, Gegensatz zu intuitiv und desultorisch (s. dort). Kierkegaard wendet das Wort in einem Sinne an, der sich der Bedeutung ‹zerstreut› oder ähnlich nähert. XIII 127: das diskursive Räsonnement; 158: die diskursiven Momente; vgl. II 185, 322: die Negativität des Diskursiven.

DISTINKTION — Unterscheidung der Begriffe. Kierkegaard liebt diesen Ausdruck, weil er qualitative Unterschiede deutlich macht, die das spekulative Denken verwischt hat durch sein logisch unmögliches Mediieren (s. ‹Mediation› im Glossar des 1. Bds.). «Fragt man die Spekulation, was das Christentum sei, antwortet sie ohne weiteres: die spekulative Auffassung des Christentums, ohne sich darum zu bekümmern, wieweit etwas an der Distinktion ist, die unterscheidet zwischen einem Etwas und der Auffassung von etwas» (VII 363). «Jeder Mensch, der Weiseste und der Einfältigste, kann qualitativ gleich wesentlich . . . die Unterscheidung machen zwischen dem, was er versteht und was er nicht versteht . . . kann entdecken, daß es etwas gibt, das trotz seines Verstehens und Denkens da ist» (VII 548). «Die Zeit der Distinktionen ist vorbei, das System hat sie überwunden» (‹Begriff Angst›, Motto).

DOKETISMUS — Sekte innerhalb der Gnosis, die behauptete, Jesus habe nicht wirklich gelitten, sondern nur sein menschlicher Scheinleib. Bei Kierkegaard wichtiger Ausdruck zur Bezeichnung des Scheinbaren in ‹Krankheit zum Tode›. Die positive Form des Ärgernisses «erklärt das Christentum für Unwahrheit und Lüge, sie leugnet Christus (daß er dagewesen sei und daß er der ist, der er zu sein sagte) entweder doketisch oder rationalistisch . . . so daß er entweder doketisch Poesie und Mythologie wird, die nicht Anspruch auf Wirklichkeit erhebt, oder rationalistisch eine Wirklichkeit, die nicht Anspruch erhebt, göttlich zu sein» (S. 124 f).

EINZELNE, DER KONKRETE — Kierkegaard hat vielfach, besonders im ‹Gesichtspunkt für meine Verfasserwirksamkeit› (1859) betont, daß dieser Begriff sein spezieller Grundbegriff, seine Kategorie sei. XIII 563 spricht er von «meiner Kategorie: jener Einzelne». Er sei ein religiöser Schriftsteller, der es mit dem Einzelnen zu tun habe, «in welchem Gedanken eine ganze Lebens- und Weltanschauung konzentriert ist». Dies gilt besonders hinsichtlich seiner Polemik gegen andere Anschauungen, besonders die Spekulation, aber auch alle jene Bewegungen, die das Kollektiv über den Einzelnen stellen. «Die Masse [Menge, wie er sagt] ist die Unwahrheit.» Alles Handeln geht vom Individuum aus. Der Einzelne ist die Kategorie, durch welche in religiöser Hinsicht die Zeit, die Geschichte, die Generation hindurch muß. Der Einzelne ist die Kategorie des Geistes, der Geistes-Erweckung, und der Politik so entgegengesetzt wie möglich. Irdischer Lohn, Macht, Ehre usw. sind nicht mit ihrer rechten Anwendung verbunden. Mit dieser Kategorie steht und fällt die Sache des Christentums (Sündenfall der Christenheit, im Laufe der Jahrtausende Gott das Eigentumsrecht am Christentum weg-narren, behaupten, die Menschheit hätte das Christentum erfunden!). Ohne die Kategorie ‹der Einzelne› hat der Pantheismus unbedingt gesiegt (XIII 647, 650, 652). Diese Kategorie wurde zum erstenmal von Sokrates dialek-tisch gebraucht, um das Heidentum aufzulösen. Im Christentum ist es um-gekehrt, man muß mit dieser Kategorie erst wieder das Christentum (den Einzelnen) in die kollektive Christenheit einführen. Gegen den Einwand, daß Christus Jünger hatte, sagt Kierkegaard: «Das Numerische, die Zahl ist nie-mals die Instanz dafür, was Wahrheit ist. Die Jünger wurden nur dadurch Jünger, daß sie Einzelne wurden, nicht Menge» (XIII 655; s. auch ‹ethisch›, ‹das Allgemeine› im Glossar des 2. Bds. sowie ‹Bewußtsein, ewiges› im Glossar des 3. Bds.).

ERINNERUNG — Die Lehre, daß alles Lernen, alles Wissen Erinnerung sei, wird von Kierkegaard dem griechischen Denken zugeschrieben. «Diesen Ge-danken führt Sokrates weiter, und in ihm konzentriert sich eigentlich das griechische Pathos, da er ein Beweis für die Unsterblichkeit der Seele wird, wohlgemerkt rückwirkend (retrograd), oder ein Beweis für die Präexistenz der Seele», heißt es in den ‹Philosophischen Brocken›. In der darauf fol-genden ‹Abschließenden unwissenschaftlichen Nachschrift› stellt er SOKRATES als den großen existentiellen Denker dar, für den die Wahrheit nicht in sich selbst paradox ist, sondern nur, indem sie sich zum Existierenden verhält Und weil Sokrates auf das Existieren hinweist, nimmt er im Grunde Ab-schied von dem Satz: Wissen = Erinnern. «Der Satz, daß alles Erkennen Er-innern ist», ist ein Satz der Spekulation», zu der Sokrates sich in Gegensatz stellt. Es ist kein sokratischer, sondern ein platonischer Lehrsatz, ebenso wie der Satz ‹Tugend ist Wissen›. Sokrates kommt nach Kierkegaard zu der Einsicht, daß die Wahrheit die Verinnerlichung im Existieren ist und des-halb nur indirekt oder maieutisch mitgeteilt werden kann. Die Existenz in der Zeitlichkeit hat nach griechischer Auffassung «keine entscheidende Be-deutung, da es beständig die Möglichkeit gibt, sich erinnernd in die Ewig-keit zurückzunehmen, wenn auch diese Möglichkeit stets aufgehoben wird dadurch, daß die Verinnerlichung des Existierenden die ganze Zeit aus-füllt» (VII 191). Hiermit ist die Anamnesis (Erinnerung) zum Ausdruck für die humane ‹Gräzität› geworden (s. dort) in ihrem Unterschied zum christ-lichen Paradox. Erinnerung, Spekulation und System gehören für Kierkegaard zur Immanenz, im Gegensatz zur christlichen Transzendenz. Erinnerung ist deshalb ein Gegensatz zum Glauben und zur Wiederholung (s. ‹Maieutik›, ‹Fatalismus› sowie im Glossar des 2. Bds. ‹Wiederholung›).

EWIGE, DAS — In der Hegelschen Spekulation ist der Begriff, der dialek-tische Prozeß ewig, für PLATO und im wesentlichen die ganze griechische Philosophie ist das über den Zeitbegriff erhobene Sein das ewig Seiende, das zeitlich Werdende wird als Nichtsein verstanden. Kierkegaard bezeichnet mit ewig etwas qualitativ anderes als das Zeitliche. Das Ewige wird aber immer in Verbindung mit dem existierenden Subjekt gesehen, dem in die zeitliche Existenz hineingestellten Individuum. Der Existierende ist nur interessiert an der ewigen, wesentlichen Wahrheit; dadurch bekommt das Ewige bei Kierkegaard eine eigene Färbung (vgl. ‹Subjektivität› im Glossar des 1. Bds.) und ist als Zeitloses zugleich in seiner Bindung an das existierende Zeitliche das Paradox: Das Ewige, das seinem Wesen nach nichts mit Zeitlichkeit zu tun hat, soll im Paradox doch als entstanden angesehen werden in der Inkarnation Christi, dem absoluten Paradox der Religiosität B. Dies ist das Absurde, der Bruch mit der Immanenz, der Hereinbruch der Transzendenz. IV 392: Das Ewige ist dagegen (gegen das Zeitliche) das Gegenwärtige. Gedächtnis ist das Ewige als Gegenwärtiges in der aufgehobenen Sukzession (Zeitenfolge), die vorbeigeht. Für die Vorstellung ist dies ein Fortgehen, das doch nicht von der Stelle kommt, weil das Ewige für sie das unendliche, inhaltsreiche Gegenwärtige ist. Im Ewigen findet sich wiederum keine Unterscheidung von Vergangenem und Zukünftigem, weil das Gegenwärtige gesetzt ist als die aufgehobene Zeitabfolge (Sukzession). — (Vgl. im Glossar des 1. Bds. ‹Augenblick›, ‹Notwendigkeit› sowie «das Absurde› und ‹Paradox› im Glossar des 2. bzw. 3. Bds.)

FATALISMUS — Bei Kierkegaard fallen Fatalismus und Determinismus (s. dort) zusammen, da er den Determinismus als einen Fatalismus auffaßt. «Die ganze geistige Disposition des unglücklichen Individuums hat es an sich, daß es nicht glücklich oder froh werden kann, es brütet ein Fatum über ihm und ebenso über dem tragischen Helden. Hier hat es seine vollkommene Richtigkeit, daß Trauern der Sinn des Lebens ist, und hier sind wir schlecht und recht bei einem Fatalismus, der immer etwas Verführendes an sich hat» (II 255). Und in der ‹Krankheit zum Tode› heißt es: «Der Fatalist ist verzweifelt, hat Gott verloren und damit sein Selbst; denn wer keinen Gott hat, der hat auch kein Selbst. Der Fatalist hat aber keinen Gott, oder, was dasselbe ist, sein Gott ist Notwendigkeit» (S. 38). Ähnlich XIII 166 (‹Begriff der Ironie›).

GEIST s. Selbst.

GOTT — Für Kierkegaard, besonders in der ‹Krankheit zum Tode›, unentbehrlicher Gegenbegriff zur menschlichen Existenz, die ohne ihn und das ‹Ewige› (s. dort) überhaupt nicht erfaßt werden könnte. In dieser Schrift wird unter Gott etwas mehr als das Ewige verstanden. Das Ewige ist eine Bestimmung, die der Religiosität A angehört (vgl. dazu «religiöses Stadium› im Glossar des 3. Bds.), in der der Mensch sich als ein ewiges Wesen weiß, zunächst in ewiger Bedeutung, wie man sagen kann, daß ein mathematischer oder logischer Satz «ewig» ist. Das Verhältnis zu Gott, welches das Selbst ausmacht, verlangt eine positive Bekräftigung von der Seite des Menschen, ein Ja oder Nein. Es ist nicht unmittelbar gegeben, sondern dieses Verhältnis ist von Gott gesetzt; es muß von jedem einzelnen Menschen ratifiziert werden, um in Kraft zu treten. Solange dies nicht geschehen ist, lebt der Mensch in der Verzweiflung, er mag es wissen oder nicht. Eben deshalb muß jeder Mensch sich bewußt werden, daß er diese Krankheit zum Tode hat und durch sie hindurch muß, bis er sein rechtes Gottesverhältnis gewonnen hat, sonst bleibt er im Zustand der Sünde. Ein Mensch, der kein Verhältnis zu Gott als demjenigen hat, «bei dem alles möglich ist», hat auch kein Selbst, und dies ist Sünde. — (Vgl. auch ‹Selbst›, ‹Möglichkeit›.)

GRÄZITÄT — Kierkegaards Ausdruck für Lebensauffassung und Geistesleben der Griechen, so wie er es im Gegensatz zum Christentum verstand. Es ist ihm das große Beispiel vor allen anderen für humane Lebensbetrachtung im Gegensatz zur christlich-paradoxen Lebensansicht. Gräzität ist die ‹Unmittelbarkeit› auf dem Gebiete der Lebenseinstellung. Alles ist hier Sicherheit und Harmonie, keine dialektische Spaltung zwischen Wesen und Erscheinung, keine Spannung des Geistes der Ewigkeit. Aber gerade hierin sieht Kierkegaard eine lauernde Angst, die dadurch entsteht, daß der Geistes-Gesichtspunkt draußen gelassen ist. So sagt er IV 370: «Wenn die Schönheit gebietet, bringt sie eine Synthese zustande, in welcher der Geist ausgeschlossen ist. Das ist das Geheimnis in der gesamten Gräzität. Insofern liegt eine Sicherheit, eine stille Feierlichkeit über der griechischen Schönheit, aber gerade deshalb ist auch eine Angst da, die der Grieche wohl nicht merkte, obwohl seine plastische Schönheit darunter erbebte. Deshalb ist eine Sorglosigkeit in der griechischen Schönheit, weil der Geist ausgeschlossen ist, aber deshalb gibt es dort auch eine unerklärte tiefe Trauer. Deshalb ist die Sinnlichkeit nicht Sünde, sondern ein unerklärtes Rätsel, das ängstet. Deshalb ist die Naivität von einem unerklärlichen Nichts begleitet, welches das der Angst ist.» — (Vgl. ‹Erinnerung›)

IDEALISMUS — Kierkegaard verwendet das Wort am häufigsten im Zusammenhang mit FICHTES Lehre, zuweilen aber auch in einem weiteren Sinne als der Deutsche Idealismus. VII 304: «Die Zuverlässigkeit der Sinneserkenntnis ist Betrug, das hat bereits die griechische Skepsis hinreichend bewiesen, ebenso der moderne Idealismus», aber IV 385: «jener griechische Satz γνῶθι σεαυτόν [erkenne dich selbst], den man nun lange genug deutsch verstanden hat als das reine Selbstbewußtsein, die Luftigkeit des Idealismus». VII 316 ironisiert er Hegels ‹Weitergehen›, das die Skepsis Kants und des Idealismus phantastisch durch das reine Denken überwand, statt wie KANT die Wirklichkeit und das Ethische ins Verhältnis zum Denken zu bringen. XIII 373 wird an Fichtes Idealismus der Akosmismus (die skeptische Leugnung der Erkennbarkeit der Objektwelt) festgestellt. Obgleich sein Idealismus eine Art ‹Doketismus› wurde, hat er den unendlichen Drang und Spannung in die Subjekte gebracht. «Dadurch hat Fichte Bedeutung für die Wissenschaft, seine Wissenschaftslehre machte das Wissen unendlich» (‹Begriff der Ironie›, 1841). Dieses relative Lob verschwindet in Kierkegaards späterer Beurteilung des Idealismus. Die ‹Existenz› tritt hervor, welche nicht verglichen werden kann mit den «elenden idealistischen Katcheterwitzen». «Wo man bloß das beliebte Spiel spielt: Idealist sein zu wollen . . . Dadurch, daß man existierender Idealist hätte sein wollen, hätte man in einem halben Jahr ganz andere Dinge zu wissen bekommen, als auf dem Katheder Versteck zu spielen. Idealist in der Einbildung zu sein ist gar nicht schwer, aber als Idealist zu existieren ist eine äußerst anstrengen-

de Lebensaufgabe, denn zu existieren ist gerade der Einspruch dagegen»
(VII 342).

IDEE — Das Wort Idee hat bei Kierkegaard eine fast mythologische Bedeutung: «im Dienste der Idee stehen», «die Idee seines Lebens rein zum Ausdruck bringen»; sein schlimmster Vorwurf: ideenlos sein Leben dahintreiben
zu lassen. ‹Idee› unterscheidet sich bei Kierkegaard von der spekulativen
Idee HEGELS durch den engen Bezug zur existierenden Verwirklichung. Es
geht ihm nicht um die logische Idee oder die Idee als Natur oder Geist oder
«die Idee als absolute Einheit von Begriff und Objekt», sondern um den
Ausdruck der Idee im Leben, in dem besonderen Sinngehalt seiner Existenz,
z. B. XIII 133: «Denn wo sollte man Linderung finden, wenn nicht in der
unendlichen Ruhe, womit in der Stille der Nacht die Idee lautlos, heilig-
sacht und doch so mächtig sich entfaltet im Rhythmus des Dialogs, als gäbe
es nichts anderes in der Welt, wo jeder Schritt überlegt und langsam feierlich wiederholt wird, weil die Ideen gleichsam wissen, daß Zeit und Spiel-
raum für sie alle ist. Und wo sollte man in der Welt wohl Ruhe nötig haben, wenn nicht in unserer Zeit, wo die Ideen einander antreiben mit Wahn-
sinnseile, wo sie bloß ihr Dasein tief unten in der Seele ankündigen durch
eine Blase auf der Oberfläche des Meeres, hier wo die Ideen sich niemals
entfalten, sondern in ihren feinen Trieben verzehrt werden, bloß den Kopf
ins Dasein hineinstecken, aber sofort vor Trauer sterben, wie das Kind, von
dem Abraham a Santa Clara erzählt, das im selben Augenblick, da es geboren wurde, so Angst vor der Welt bekam, daß es wieder in seiner Mutter
Leib zurücklief.» Die Idee steht in engem Zusammenhang mit der Verzweiflung, weil diese der Ausdruck dafür ist, daß wir die Idee, die Gott mit unserem Leben als ewigem Selbst gesetzt hat, nicht verwirklichen wollen.

IMMANENZ — Bei Kierkegaard sehr häufiges Wort für Endlichkeit, Zeitlichkeit, Innerweltliches (Gegenbegriff: ‹Transzendenz› = Überweltliches; s.
Glossar des 1. Bds.). Kierkegaard verbindet damit besonders HEGELS theoreti-
sche Spekulation, die kein Organ hat für echte Transzendenz, welche nur
durch das Paradox (s. Glossar des 3. Bds.) und den qualitativen Sprung (s.
Glossar des 1. Bds.) zu erreichen ist. «Alles Denken atmet in der Immanenz,
wogegen das Paradox und der Glaube eine qualitative Sphäre für sich bilden» (XI 112). In der ‹Immanenz› bleibt auch das griechische Denken, insofern es sich in der ‹Erinnerung› (s. dort) aus der Existenz «in das Ewige
zurücknimmt». Nur SOKRATES bildet für Kierkegaard eine Ausnahme.

IMPERATIV, KATEGORISCHER — Im Gegensatz zur Maxime, der subjektiven
Triebfeder, ist der Imperativ das objektive Gesetz des Handelns. Der kate-
gorische Imperativ im Gegensatz zum hypothetischen Imperativ ist unter allen Umständen unbedingt gültige objektive Triebfeder sittlichen Handelns.
Bei KANT ein Gesetz a priori, das mit dem Begriff eines vernünftigen Wesens notwendig verbunden ist. Bei Kierkegaard besonders in der Verbindung mit ‹Krankheit zum Tode›: «Was ist es also für eine Bestimmung, die
Sokrates im Bestimmen der Sünde fehlt? Es ist: der Wille, Trotz. Die griechische Intellektualität war zu glücklich, zu naiv, zu ästhetisch, zu ironisch,
zu witzig — zu sündig, als daß es ihr in den Kopf gegangen wäre, einer

könne trotz seines Wissens es unterlassen, das Gute zu tun, oder trotz seines Wissens, mit Wissen des Rechten das Unrechte tun. Die Gräzität statuiert einen intellektuellen kategorischen Imperativ» (S. 85).

KRANKHEIT ZUM TODE s. Verzweiflung.

MAIEUTIK — Geburtshelferkunst (SOKRATES), geistig verstanden; durch indirekte Mitteilung (s. dort) wesentlicher Wahrheiten dem Menschen dazu verhelfen, sein ewiges, geistiges Selbst zu ‹gebären›. Dies besonders meinte Kierkegaard, wenn er seine Verfasserschaft ‹maieutisch› nannte (s. ‹Erinnerung›). «Kein anonymer Verfasser kann sich listiger verbergen, kein Maieutiker sich sorgfältiger dem direkten Verhältnis entziehen als Gott» (VII 229). «. . . in jedem Falle muß man sich erinnern, daß ein Maieutiker . . . den anderen Menschen von sich abwenden, ihn nach innen wenden [introvertiert machen], ihn frei machen, nicht zu sich heranziehen muß» (XII 163).

METAPHYSIK — Wörtliche Bedeutung aus der Anordnung der aristotelischen Schriften: τὰ μετὰ τὰ φυσικά — «die Schriften hinter der Physik», also die Ontologie = Seinslehre, die allem Seienden vorhergeht und deren Feststellungen Aussagen erst ermöglichen. Bei HEGEL gleichbedeutend mit ontologischer Logik und Spekulation (‹Was ist, ist vernünftig›: Denken = Sein), im Grunde sein Dreitakt-System: Thesis — Negation — Negation der Negation = Synthesis oder Mediation (s. Glossar des 1. Bds.). Kierkegaard betont, daß diese Spekulation nur möglich ist, weil illegal stillschweigend ‹Bewegung› und ‹Werden› in die Logik hineingenommen werden, wo sie wesensmäßig nicht hingehören (s. ‹Notwendigkeit›, ‹Wirklichkeit›, ‹Sein›, ‹Werden›). «Die absolute Methode, welche Hegels Erfindung ist, ist schon in der Logik eine schwierige Sache, ja eine glänzende Tautologie, die dem wissenschaftlichen Aberglauben diente mit manchen Zeichen und wunderlichen Taten. In den historischen Wissenschaften ist sie eine fixe Idee, und daß die Methode da gleich anfängt konkret zu werden, da ja die Geschichte die Konkretion der Ideen ist, gab Hegel bloß Anlaß zu einer seltsamen Gelehrsamkeit . . . die des Lehrenden Sinn zerstreute, daß er vergaß nachzusehen, ob sich bewahrheitete . . . was am Anfang versprochen wurde und was alle Herrlichkeit der Welt nicht ersetzen konnte» (IV 270). «Aber ist ein solcher Anfang nicht bloß ein Einfall, dann muß eine Reflexion vorausgegangen sein, und in dieser Reflexion liegt ja gerade die Einleitungsfrage» (VII 135). — (Vgl. ‹System› im Glossar des 1. Bds.)

MITTEILUNG, INDIREKTE — Kierkegaard hat die indirekte Mitteilung auf SOKRATES zurückgeführt. Dieser hat die Unmöglichkeit der direkten Mitteilung auf ethischem Gebiet verstanden. Das ‹Maieutische› (s. dort) wird bei Kierkegaard nicht bloß im platonischen Sinne gebraucht, sondern als Ausdruck für Sokrates' ganzes Wirken zur sittlichen Selbstbesinnung des Individuums, zur ethischen Selbsterkenntnis (γνῶθι σεαυτόν). Analog gebraucht Kierkegaard die Ausdrücke ‹indirekte Mitteilung› und ‹maieutisch› für sein eigenes Wirken zur ethisch-religiösen Selbsterweckung der Zeitgenossen. «Zwischen Geist und Geist ist ein direktes Verhältnis undenkbar im Verhalten zur wesentlichen Wahrheit . . . Jede direkte Mitteilung im Verhältnis zur

Wahrheit als Innerlichkeit ist ein Mißverständnis» (VII 233, 235). «Es wurde mir deutlich, daß die Irreführung der Spekulation und deren darauf begründetes vermeintliches Recht, den Glauben herabzusetzen zu einem bloßen Moment, nicht etwas Zufälliges sein dürfte, daß es weit tiefer in der ganzen Richtung des Zeitalters liegen müsse und wohl darin liege — daß man überhaupt durch das viele Wissen vergessen hat, was *Existieren* und *Innerlichkeit* zu bedeuten haben. Als ich dies erfaßt hatte, wurde mir zugleich deutlich, daß, wenn ich etwas dies betreffend mitteilen wollte, meine Darstellung die indirekte Form haben müßte» (VII 227). XIII 531 sagt er über seine Schriftstellerei: «Die Bewegung war maieutisch, die ‹Menge› zu erschüttern, um zum ‹Einzelnen›, religiös verstanden, zu gelangen.» Eine besondere Form der indirekten Mitteilung findet sich innerhalb der paradoxen Religiosität. Christus ist als Gottheit in Unkenntlichkeit gekleidet. «Die indirekte Mitteilung kann eine Kunst der Mitteilung sein, die Mitteilung zu verdoppeln. Die Kunst besteht dann gerade darin, sich selbst, den Mitteiler, rein objektiv zu nichts zu machen ... Aber die indirekte Mitteilung kann auch auf eine andere Weise herauskommen durch das Verhältnis zwischen Mitteilung und Mitteiler; hier ist also der Mitteiler mit dabei, während er im ersten Fall ausgelassen war, doch wohlgemerkt durch eine negative Reflexion» (XII 154). XII 156: Die indirekte Mitteilung des Gottmenschen. Er ist ein Zeichen des Widerspruchs, er ist in der Unkenntlichkeit, also ist direkte Mitteilung unmöglich. «Die Mitteilung enthält durch den Mitteiler einen Widerspruch [Paradox der Gottmenschheit]. Sie wird indirekte Mitteilung, sie stellt dich vor die Wahl: ob du ihm glauben willst oder nicht» (XII 155, 156). Je höher es ins Geistige (Religiöse) hinaufgeht, um so indirekter die Mitteilung, denn «Geist ist die Verneinung der direkten Mitteilung. Die direkte Mitteilung ist das Kennzeichen für den Abgott» (XII 157). — (Vgl. ‹Wahrheitsmitteilung› im Glossar des 3. Bds.)

MÖGLICHKEIT — κατὰ δύναμιν = nach Möglichkeit, Potentialität, Potenz (Gegenbegriff: Wirklichkeit, Aktualität, ἐνέργεια). Für alles, was zu etwas anderem werden kann, aber noch nicht geworden ist, hat ARISTOTELES die Bezeichnung δυνάμει oder κατὰ δύναμιν; es ist das andere nur der Möglichkeit nach, das Samenkorn ist die *Dynamis* der Ähre, der Marmor die *Dynamis* der Statue. Es bedeutet die objektive Möglichkeit. Bestimmte innere Bedingungen müssen erfüllt sein, damit überhaupt eine Entwicklung möglich ist. So kann *Dynamis* auch die Bedeutung von Anlage, Keim, Fähigkeit haben. Die Aktualität, Wirklichkeit ist die *Energeia*, das Im-Wirken-Sein, Wirklichsein gegen bloßes Möglichsein. — (Siehe S. 34—40)

NOTWENDIGKEIT — Kierkegaard greift in der Begründung seiner Paradoxlehre zu einer Auffassung des Notwendigkeitsbegriffs, die eine scharfe Scheidung setzt zwischen Wirklichkeit und Notwendigkeit und das Notwendigkeitsmoment aus der historischen Wirklichkeit entfernt, indem er mit verneinender Antwort fragt (IV 264): Ist das Vergangene notwendiger als das Zukünftige? Oder: Ist das Mögliche dadurch, daß es wirklich geworden ist, notwendiger geworden, als es war? «Zur großen Verwirrung hat die neuere Spekulation die Notwendigkeit zusammengebracht mit der Auffassung der Weltgeschichte, wodurch sowohl Möglichkeit, Wirklichkeit und Notwendigkeit verwirrt wurden» (VII 332). In HEGELS Geschichtsspekulation wird jedes Ereignis als denknotwendig = seinsnotwendig = wirklich eingeführt. «Man bedurfte des Schießpulvers, und also war es da», sagt Hegel. Kierkegaard dagegen greift auf das griechische Denken, besonders ARISTOTELES, zurück; das Notwendige ist absolut verschieden vom Wirklichen und Möglichen. Die beiden letzteren können entstehen, *werden*, die Notwendigkeit kann nur *sein*. «Das einzige, was nicht werden kann, ist das Notwendige, weil das Notwendige *ist*» (IV 266). Es kann bei dem Seinsunterschied zwischen Möglichkeit und Wirklichkeit «nicht eine Einheit, die Notwendigkeit, gebildet werden, welche nicht eine Seinsbestimmung, sondern eine Wesensbestimmung ist, da es des Notwendigen *Wesen* ist, zu sein». Es ist hier die Rede von einem Übergang in ein anderes *Wesen*, und das wäre eine μετάβασις εἰς αλλὸ γένος. Diese Trennung von Sein und Wesen muß genau festgehalten werden. Sein ist ein und dasselbe für alle Seienden («eine Fliege, die *ist*, hat ebensoviel Sein wie Gott»). Wesen ist etwas anderes und steht unter anderen Bestimmungen als Sein. «Sobald ich ideell vom Sein rede, spreche ich nicht vom Sein, sondern vom *Wesen*. Das Notwendige hat die höchste Idealität, deshalb *ist* es . . . Es kann aber nicht dialektisch werden in den Bestimmungen des faktischen Seins, weil es wesensnotwendig *ist*; und es kann auch nicht von ihm gesagt werden, daß es im Verhältnis zu etwas anderem mehr oder weniger Sein hat.» Hier gewinnt Kierkegaard einen anderen Wirklichkeitsbegriff als HEGEL, einen mehr von der Existenz bestimmten (s. ‹Wirklichkeit›). Das Hegelsche Ideenmoment wird bei Kierkegaard aus dem Wirklichkeitsbegriff entfernt, und zugleich wird der Notwendigkeitsbegriff streng abstrakt-ideell bestimmt. Deshalb nähert sich bei Kierkegaard der Begriff Notwendigkeit dem Begriff des Ewigen in seiner abstrakten Form (nicht ethisch-religiös gesehen; s. ‹das Ewige›). Das Notwendige kann nicht entstehen, sonst wäre es nicht notwendig. Das Werdende ist immer zufällig (kontingent), nicht notwendig. Das Notwendige kann damit niemals zeitlich-historisch sein (IV 266). Nur Gott ist der absolute Widerspruch, das Paradox und Absurde. Sein «Hervortreten» kann eine Aktualität, «eine Tagesneuheit» sein und zugleich der «Beginn des Ewigen». «Das Paradox vereint gerade den Widerspruch: es ist die Ewigmachung des Historischen und die Historischmachung des Ewigen» (IV 254). — (Vgl. ‹Paradox› im Glossar des 3. Bds.)

PONERE, POSITIVUM — Logisches ‹Setzen›, eine Bestimmung, Annahme, ein Ausgehen von etwas Bestimmtem als Gültigem. Dieses Setzen geschieht durch ein logisches Urteil, wodurch etwas bestimmt wird als *wahr*, gültig, seiend, objektiv, notwendig usw. Daraus abgeleitet: das Positive, *positum* (Thesis = Setzung). Am häufigsten geschieht die Setzung in der Hegelschen Logik. Es ist ein wichtiges Glied in seiner dialektischen Methode, daß poniert (gesetzt) und negiert (aufgehoben) wird (s. ‹dialektische Methode› im Glossar des 1. Bds.). Innerhalb des hypothetischen Schlusses gibt es die Form *modo ponendo ponens* und *modo tollendo ponens*, indem man davon ausgeht, daß eine Prämisse entweder gilt (gesetzt ist, zutrifft; z. B.: Wenn es regnet, ist es naß; nun regnet es, also ist es naß; *modo ponendo ponens*) oder nicht gilt (aufgehoben ist) und dadurch die Schlußfolgerung gleichfalls negativ ist. So sagt Kierkegaard in der ‹Krankheit zum Tode›, S. 118: «Die

Sünde, das Christentum *modo ponendo* aufzugeben, es für Unwahrheit zu erklären» — gesetzt wird die *Unwahrheit* des Christentums, also fallen alle Heilslehren des Christentums fort. I 50: «Da das Sinnliche überhaupt dasjenige ist, was negiert werden soll, so kommt es dadurch erst recht in Sicht, wird es gesetzt (poniert) durch den Akt, der es dadurch ausschließt, daß er das entgegengesetzte Positive setzt. Als Prinzip, als Kraft, als System ist die Sinnlichkeit zuerst durch das Christentum gesetzt, und insofern hat das Christentum die Sinnlichkeit in die Welt gesetzt.» — (Vgl. auch «das Negative» im Glossar des 2. Bds.)

REFLEXION s. Glossar des 1. Bds. sowie «Selbstreflexion» im Glossar des 3. Bds.

SEIN — Entsprechend dem unter «Wirklichkeit», «Werden», «Notwendigkeit» (s. dort) Gesagten, ist die Hegelsche Aussage «Sein = Wirklichkeit = Denken» nichts als eine Tautologie. Denn das gedachte Sein ist eben Denken und keine aktuelle, fließende, existierende Wirklichkeit. Logische Seinsaussagen sind keine Wirklichkeitsaussagen, sondern sind nur möglich unter Voraussetzung der logischen Abstraktion von dem sich verändernden Wirklichen (ein Problem, das schon HERAKLIT bewegte). HEGEL kommt selbst zu der Feststellung, daß das reine Sein = Nichts ist, treibt aber weiter sein spekulatives Gedankenspiel mit dem Werden als der Synthese oder Mediation (s. Glossar des 1. Bds.) des einen ins andere. Dagegen erhebt Kierkegaard in verschärftem, modernem Realitätsbewußtsein Einspruch. «Mag man mehr empirisch Wahrheit bestimmen als Übereinstimmung des Denkens mit dem Sein oder mehr idealistisch als des Seins Übereinstimmung mit dem Denken, es geht in jedem Falle darum, genau aufzupassen, was da unter Sein verstanden wird» (VII 174). — (Vgl. «Werden»)

SELBST — oder Geist wird in der «*Krankheit zum Tode*» von Kierkegaard als das Verhältnis bezeichnet, das sich zu sich selbst verhält. Zu dieser Formel kommt er durch folgenden Gedankengang: Der Mensch ist zusammengesetzt aus Seele und Leib. Beide gehören der endlichen, zeitlichen Sphäre an, die der Notwendigkeit der Natur unterworfen ist. Aber es existiert ein Verhältnis zwischen ihnen, und das gehört einer anderen Welt an, der unendlichen, ewigen Welt der Freiheit im Gegensatz zur Notwendigkeit. Die Bestandteile sind sterblich, aber ihr Verhältnis ist unsterblich. Wären die Teile das Primäre, so wäre das Verhältnis etwas Äußeres und negativ. Da jedoch das Verhältnis das Primäre ist, da die Teile zusammengesetzt sind, gerade um dies Verhältnis zu bilden, so ist das Verhältnis positiv. Der Mensch besteht also aus einem negativen, sterblichen Teil (Seele und Leib) und einem positiven, unsterblichen Teil: dem Verhältnis zwischen ihnen. Es muß also eine Beziehung bestehen zwischen dem Irdischen (der Teilkombination Seele — Leib) und dem Ewigen im Menschen (dem Verhältnis Seele — Leib). Dies wird dadurch ausgedrückt, daß das Verhältnis sich zu sich selbst verhält. Dies ist das Selbst des Menschen oder der Geist. Dieses Selbst kann nun von etwas außer sich abhängen oder von sich selbst abhängen. Letzteres wird als unmöglich bewiesen, da wir unser Selbst in bestimmten Formen der Verzweiflung abschütteln wollen. Also ist es von etwas anderem gesetzt: von Gott. Indem der Mensch zugleich aus Zeitlichem und Ewigem besteht, ist es möglich, daß ein Mißverhältnis zwischen beiden Teilen entsteht: die Sünde. Dieser Zustand der Sünde, einmal eingetreten, kann immer wieder von vorne beginnen, ein fortdauerndes Umschlagen von Möglichkeit zu Wirklichkeit. Diese Möglichkeit der Sünde hängt mit dem ewigen, konstanten Teil im Menschen zusammen und ist die Wurzel der Verzweiflung, die nötig ist, damit das Ich sich seines ewigen Selbst bewußt wird (s. «das Ewige» und im Glossar des 3. Bds. «ewiges Bewußtsein»). Dies ist ein Aspekt des Paradox, daß der Mensch als Existenz das Zugleichsein von Ewigem und Zeitlichem ist, und Angst und Verzweiflung sind der Ruf des Ewigen in unser irdisches Dasein (s. bes. S. 13 ff, 73 ff).

SÜNDE — Bei diesem für die *Krankheit zum Tode* zentralen Begriff unterscheidet Kierkegaard die sokratische Definition der Sünde von der der christlichen Offenbarung. SOKRATES ging davon aus, daß die Sünde Unwissenheit sei. Es gebe, meinte er, keinen Fall, daß einer, der das Rechte weiß, das Unrechte tut oder es tut, wenn er erkennt, daß es das Unrechte ist. Diesen Intellektualismus des griechischen Denkers läßt Kierkegaard unter der Bezeichnung ‹Gräzität› (s. dort) nur für diesen gelten. Unter Zuhilfenahme der vertieften Willenspsychologie der christlichen Offenbarung entschleiert er das Unzureichende der sokratischen Definition, indem er fragt, ob diese Unwissenheit ursprünglich ist, d. h., ob der Mensch nichts von der Wahrheit wissen *konnte*, oder ob die Unwahrheit später hervorgebracht wurde. Im ersten Fall ist die Sünde überhaupt nicht da, weil die Sünde nicht ohne Sündenbewußtsein gedacht werden kann. Im zweiten Fall wird die Sünde durch eine Verdunkelung der Erkenntnis verursacht, aber dann liegt die Sünde nicht in der Unwissenheit, sondern in der Tätigkeit im Menschen, durch die er daran gearbeitet hat, seine Erkenntnis zu verdunkeln. Entweder war er sich des Vorganges nicht bewußt, oder seine Erkenntnis wurde bereits früher verdunkelt, wodurch die Frage nur weiter zurückgeschoben wird. In beiden Fällen liegt die Sünde nicht in der Erkenntnis, sondern im *Willen* und ist folglich nicht Unwissenheit, sondern Trotz. Wenn Sokrates sich hilft, indem er sagt: Wer Unrecht tut, hat das Rechte nicht verstanden, oder falls er irrtümlich glaubt, es verstanden zu haben, dann ist dies Einbildung —, so fehlt hier nach Kierkegaards Überzeugung eine dialektische Bestimmung des Übergangs vom Verstehen des Rechten zur handelnden Ausführung. Abstrakt, der Idee nach läßt sich dies zwar festhalten, aber sobald man mit dem bestimmten, einzelnen, konkreten Menschen zu tun hat, zeigt sich, daß hier das Problem erst anfängt. Kierkegaard als konkreter Denker im Gegensatz zum abstrakten Denker der Spekulation begnügt sich nicht mit der Menschheit im allgemeinen, sondern richtet sich auch psychologisch auf den einzelnen konkreten Menschen. An ihm sind auch nur die Existenzbestimmungen der Sünde aufzuweisen: «Wenn also ein Mensch nicht in derselben Sekunde, da er das Rechte erkannt hat, es ausführt, ja, da kommt dann fürs erste die Erkenntnis aus dem Kochen. Und danach entsteht die Frage: Wie denkt der Wille über das Erkannte? Der Wille ist etwas Dialektisches und hat wiederum unter sich die ganze niedere Natur im Menschen. Gefällt ihm nun das Erkannte nicht, so folgt daraus wohl nicht, daß der Wille hingeht und das Entgegengesetzte tut von dem, was die Erkenntnis verstand, so starke Gegensätze kommen nur selten vor; aber dann läßt der Wille einige Zeit hingehen, es entsteht ein Interim, es heißt, wir wollen das doch bis morgen überlegen. Bei all dem wird die Erkenntnis dunkler und dunkler, und das Niedere siegt immer mehr; denn ach, das Gute muß gleich getan werden, gleich, indem es erkannt wird (und deshalb geht es in der reinen Idealität so leicht mit dem Übergang vom Denken zum Sein, denn da geschieht alles sofort), aber das Niedere hat seine Stärke darin, alles in die Länge zu ziehen. In dieser Form hat der Wille nichts dagegen, daß es geschieht, er sieht dabei fast durch die Finger. Und wenn dann die Erkenntnis gehörig dunkel geworden ist, dann können Erkenntnis und Wille einander besser verstehen; zum Schluß sind sie ganz einig geworden, denn jetzt ist die Erkenntnis auf die Seite des Willens übergegangen und erkennt, daß es ganz richtig ist, wie er es haben will» (S. 89). In dieser vertieften Psychologie in Richtung auf das Konkrete und Existentielle liegt der entscheidende Unterschied zwischen der sokratischen und der christlichen Definition der Sünde. Die christliche Offenbarung stellt fest, daß der Grund der Sünde nicht darin liegt, daß der Mensch das Rechte nicht erkannt hat, sondern daß er es nicht *will*. Christlich verstanden liegt die Sünde im Willen und nicht in der Erkenntnis. Zugleich kommt hinzu, was Kierkegaard in den ‹Philosophischen Brocken› und der ‹Nachschrift›, den Climacus-Schriften, feststellte, daß ein Mensch nicht von alleine zum Bewußtsein der Sünde kommen kann. Gott muß, wie Kierkegaard sagt, ihm die Bedingungen dazu schaffen. «Es bedarf einer Offenbarung von Gott, um offenbar zu machen, was Sünde ist.» Dies führt zum zentralen Begriff des ‹Ärgernisses› (s. Glossar des 3. Bds.). «Die Möglichkeit des Ärgernisses liegt darin, daß eine Offenbarung von Gott nötig ist, um den Menschen darüber aufzuklären, was Sünde ist und wie tief sie in ihm steckt.» Der Mensch als endliches, durch die Erbsünde bereits geprägtes Wesen ist von sich aus nicht imstande, seine tiefe Verstricktheit in die Sünde zu erkennen. Schon ehe wir jedesmal wollen, haben wir bereits das Böse gewollt, das heißt, unserer ganzen Existenz liegt immer schon der Wunsch zugrunde, daß das Böse erlaubt sein möge, sagte LUTHER in ‹De servo arbitrio›. Kierkegaard kommt durch seine psychologische Untersuchung in der ‹Krankheit zum Tode› zu folgender Definition der Sünde: Sie ist, nachdem man durch eine Offenbarung von Gott darüber erleuchtet ist, was Sünde ist, vor Gott verzweifelt nicht man selbst sein zu wollen oder verzweifelt man selbst sein zu wollen. Sünde ist die Zerstörung der Synthese von Ewigkeit und Zeitlichkeit (Immanenz und Transzendenz) in unserem Selbst als Geist. Der radikale, allumfassende Ausdruck der Sünde ist Verzweiflung. «Der Gegensatz der Sünde ist nicht Tugend, sondern Glaube.» «Glaube ist, daß das Selbst in Gott gründet, indem es sich selbst sein will und sich selbst durchsichtig sein will.»

UNENDLICHKEIT s. Möglichkeit und das Ewige.

UNMITTELBARKEIT s. Glossar des 3. Bds.

VERZWEIFLUNG — Der psychologische Begriff Verzweiflung hat seine weitgehende Bedeutung für Kierkegaard und bildet bei ihm fast das Gegenstück zur ‹Wiederholung› (s. Glossar des 2. Bds.). Der Begriff wird bei ihm im weitestgespannten Sinne verstanden. Er bedeutet die unser Wesen erfassende

‹Krankheit zum Tode› und entspringt unserem ewigen Bewußtsein, unserem Selbst als Geist. Dieses Selbst ist eine Synthese von Immanenz (Endlichkeit) und Transzendenz (Ewigkeit), von Leib und Seele, Möglichkeit und Notwendigkeit (s. dort). Die Einheit der Synthese ist der Geist. Dieses Selbst aber ist nicht durch sich selbst gesetzt, sondern von einem transzendenten Selbst: Gott (s. dort), dem es allein sein Dasein verdankt. Gesundheit und Krankheit hängen von der Natur dieses Selbst ab. Seine Gesundheit besteht darin, gerade das volle und ganze Selbst zu sein, das von Gott so bestimmt wurde, und so in Ruhe und Klarheit in seiner Macht zu ruhen. Die Krankheit entsteht durch eine verkehrte Haltung gegenüber dieser Urgegebenheit. Der Mensch will dann nicht dieses gottgegebene Selbst sein, sondern ein anderes, geteiltes Selbst, das in Widerspruch zu sich selbst und Gott steht. Immanenz und Transzendenz sind dann nicht mehr in einer Synthese vereint. Ihr rechtes Verhältnis wird zu einem Mißverhältnis. Es gibt innerhalb dieses Rahmens viele Möglichkeiten und Varianten des Verzweifelns. Verzweiflung ist eine Bestimmung des Geistes. Es gibt verschiedene Möglichkeiten, sich zu der ewigen Komponente in sich selbst zu verhalten. Gerade weil das menschliche Selbst die Ewigkeit in sich schließt, ist die Verzweiflung ein «radikales Ewigkeits-Unglück», ein lebendiger Tod, dessen Unglück darin besteht, nicht sterben zu können. Diese Krankheit ist allgemein. Jeder trägt sie von Natur in sich. Auch der Christ ist nur unter ständigen Glaubenskämpfen zeitweilig von ihr befreit. Am schlimmsten steht es um den Menschen, der frei davon zu sein glaubt, weil er sich diese Krankheit verhehlt. Wenn Verzweiflung *zusammen* mit der Gottesvorstellung im Menschen ist, wird sie zur Sünde. Der Mensch hat kein Vertrauen und keinen Glauben zu Gott, was eine potenzierte Form von Verzweiflung ist (s. S. 73 ff).

WERDEN — dän. Vorden; nach HEGEL Bezeichnung der ‹Unruhe›, die die Entwicklung von Stufe zu Stufe antreibt. Das kann aber nicht im logischen Denken Platz finden, sondern nur in der aktuellen Existenz. Deshalb sagt Kierkegaard, daß Werden und Bewegung überhaupt nicht in die Logik hineingehören (denn diese hat ihren Sinn nur in der ontologischen Abstraktion von aller Veränderung; logische Aussagen können nur je von einem Bestehenden gemacht werden; s. ‹Wirklichkeit›) und damit auch nicht in irgendeine Begriffsbildung. Von dem erweiterten Gebrauch des Wortes Logik im Sinne ontologisch-spekulativer Logik der Wirklichkeitsaussagen nimmt Kierkegaard also ausdrücklich Abstand und bezeichnet ihn als Mißbrauch, er vertritt die Reaktion eines neuen, realistischeren Wirklichkeitsbewußtseins gegenüber allem ‹philosophischen Idealismus›. «In der Logik *darf* keine Bewegung *werden;* denn die Logik *ist,* und alle Logik *ist nur,* und Ohnmacht der Logik liegt in einem sogenannten logischen Übergang zum Werden, in dem Dasein und Wirklichkeit hervortreten. Wenn die Logik sich in die Konkretion der Kategorien vertieft, ist sie beständig dieselbe, die sie von Anfang war. Jede Bewegung, sofern man einen Augenblick diesen Ausdruck gebrauchen will, ist eine immanente Bewegung, was im tieferen Sinne keine Bewegung ist, wovon man sich leicht überzeugen kann, wenn man bedenkt, daß der Begriff Bewegung selbst ein Transcendens [über das Denken Hinausgehendes] ist, das nicht Platz in der Logik finden darf» (IV 316). — (Vgl. ‹Transzendenz› im Glossar des 1. Bds.)

WESEN s. Notwendigkeit, Sein, Wirklichkeit, Möglichkeit.

WIRKLICHKEIT — Kierkegaard widerspricht der Hegelschen Methode, die Wirklichkeit in einem dialektischen Prozeß hervortreten zu lassen, er bevorzugt das griechische Denken und unterscheidet die *Seins*bestimmung von der *Wesens*bestimmung, so daß der Wirklichkeit alleine *Seins*bestimmung zukommt. Sie ist bei Kierkegaard vom Existenzbegriff bestimmt, der durch logische Bestimmungen gefährdet wird. Das Wirkliche ist das Gewordene unter Ausschaltung des Ideen-(Notwendigkeits-)Momentes. Das Wirkliche ist also gekennzeichnet durch den Freiheitsbegriff und das Zufällige. «Wenn man den letzten Abschnitt der Logik ‹die Wirklichkeit› überschreibt, so gewinnt man dadurch den Vorteil, als wäre man bereits in der Logik zum Höchsten gekommen, oder wenn man will, zum Tiefsten. Der Verlust ist indessen in die Augen fallend; denn weder der Logik noch der Wirklichkeit ist damit gedient. Der Wirklichkeit nicht, denn den Zufall, der wesentlich mit zur Wirklichkeit gehört, kann die Logik nicht hereinschlüpfen lassen. Der Logik ist damit nicht gedient, denn wenn sie die Wirklichkeit gedacht hat, hat sie etwas in sich aufgenommen, was sie nicht assimilieren kann. Sie ist dahin gekommen, vorzugreifen, wo sie bloß prädisponieren sollte» (IV 314). Kierkegaard hat das Problem richtig erkannt, mit dem sich die moderne Logik heute abquält, daß nämlich die Logik vom aktuellen, wirklichen Sein absehen muß und unter der ontologischen Voraussetzung von Dauerbestimmungen (also dem Notwendigen) arbeitet, d. h. von zeitlichen Veränderungen des logisch Ausgesagten abstrahiert. Das geschieht jedesmal, wenn das Wirkliche in das logische Kalkül überführt wird (vgl. FREYTAG-LÖRRINGHOFF, Logik, 1958).

BIBLIOGRAPHIE

Vgl. die Literaturverzeichnisse in: Sören Kierkegaard, Werke I—III
(Rowohlts Klassiker, Bd. 71, 81 u. 89)

Quellen

KIERKEGAARD, SØREN, Samlede Værker, udg. af A. B. Drachmann, J. L. Heiberg og H. O. Lange, I—XIV. Kopenhagen 1901—1906; 2. udg. I—XV, Kopenhagen 1920—1936

—, Efterladte Papirer 1854—1855, ved H. Gottsched. Kopenhagen 1881

—, Papirer, udg. af P. A. Heiberg og V. Kuhr, I—XX. Kopenhagen 1909 bis 1948

—, Værker i Udvalg, ved F. J. Billeskov Jansen, I—IV. Kopenhagen 1950

—, Gesammelte Werke, übers. v. H. Gottsched u. Chr. Schrempf, I—XII. Jena 1909—1922, 2. Aufl. 1922—1925

—, Philosophische und Theologische Schriften, hg. v. H. Diem u. W. Rest, I—III. Köln 1951—1959

—, Die Tagebücher, ausgew. u. übers. v. Th. Haecker, I—II. Innsbruck 1923, 4. Aufl. München 1953

Existenz im Glauben. Aus Dokumenten, Briefen und Tagebüchern S. Kierkegaards, übers., ausgew. u. eingel. v. L. Richter. 2. Aufl. Berlin 1956

Breve og Aktstykker vedrørende Søren Kierkegaard, ved N. Thulstrup, I—II. Kopenhagen 1953

IBSEN, A., og J. HIMMELSTRUP, Søren Kierkegaard-Register. Kopenhagen 1936

JOLIVET, R., Kierkegaard (Bibliogr. Einführungen in das Studium d. Philos. 4). Bern 1948

NIELSEN, E. ORTMANN, og N. THULSTRUP, Søren Kierkegaard, Bidrag til en Bibliografi. Kopenhagen 1951

Literatur

BOHLIN, T., Kierkegaards dogmatiska askadning i dess historiska sammanhang, Stockholm 1925; deutsch: K.s dogmatische Anschauung in ihrem geschichtlichen Zusammenhang. Gütersloh 1927

COLLINS, J., Kierkegaard's critique of Hegel. New York 1943

FABRO, P. C., Attualità e ambiguità dell'opera Kierkegaardiana. In: Kierkegaard Symposion (Orbis litterarum, tome 10, fasc. 1—2), Kopenhagen 1950

FISCHER, F. C., Die Nullpunkt-Existenz, dargestellt an der Lebensform S. Kierkegaards. München 1934

HEIBERG, P. A., Søren Kierkegaards religiøse Udvikling, Psykologisk Mikroskopi. Kopenhagen 1925

HELWEG, H., Søren Kierkegaard. En psychiatrisk-psychologisk studie. Kopenhagen 1933

HIMMELSTRUP, J., Kierkegaards opfattelse af Sokrates. Kopenhagen 1924

HOHLENBERG, J., Den ensommes vej. En fremstilling af Søren Kierkegaards værk. Kopenhagen 1948

HOLMER, P. L., On Understanding Kierkegaard. In: Kierkegaard Symposion, Kopenhagen 1950

JÖRGENSEN, A., Kierkegaard und das biblische Christentum (Biblische Zeit- und Streitfragen 9,9). Berlin 1914

JOHNSON, H. A. (Hg.), A Kierkegaard Critique. New York 1962

KÜHLE, S., Sören Kierkegaard und die Frauen. In: Kierkegaard Symposion, Kopenhagen 1950

KÜNZLI, A., Die Angst als abendländische Krankheit, dargestellt am Leben und Denken Sören Kierkegaards. Zürich 1948

LØNNING, P., Kierkegaards ‹Paradox›. In: Kierkegaard Symposion, Kopenhagen 1950

MALANTSCHUK, G., Das Verhältnis zwischen Wahrheit und Wirklichkeit in Sören Kierkegaards existentiellem Denken. In: Kierkegaard Symposion, Kopenhagen 1950

MEERPOHL, B., Verzweiflung als metaphysisches Phänomen in der Philosophie Sören Kierkegaards (Abhandlungen zur Philosophie und Psychologie der Religion 30). Würzburg 1934

PACI, E., Su due significati del concetto dell'angoscia in Kierkegaard. In: Kierkegaard Symposion, Kopenhagen 1950

PRZYWARA, ERICH, S. J., Das Geheimnis Kierkegaards. München und Berlin 1929

REST, W., Indirekte Mitteilung als bildendes Verfahren, dargestellt am Leben und Werk Sören Kierkegaards. Münster 1937

SAWATZKI, G., Das Problem des Dichters als Motiv in der Entwicklung Sören Kierkegaards bis 1841. Diss. Danzig 1935

SIEBER, F., Der Begriff der Mitteilung bei Sören Kierkegaard. Diss. Würzburg 1938

THUST, M., Sören Kierkegaard, Der Dichter des Religiösen, Grundlagen eines Systems der Subjektivität. München 1931

VETTER, A., Frömmigkeit als Leidenschaft, Eine Deutung Kierkegaards. Leipzig 1928

Taschenbücher Syndikat / EVA
Philosophie